続・勝負師の極意

「勝つ」ための思考法

武　豊
Take Yutaka

双葉社

「勝つ」ための思考法～続・勝負師の極意～

はじめに

勝ちたい――。

思う気持ちはみんな同じです。

勝つために覚悟を決める――。

決めるだけなら、誰にでもできます。

では、勝つためには、どうすればいいのか!?

まず、勝ちたいと思い続けることです。次に、一度覚悟を決めたら、たとえ何があってもその覚悟を貫き通すことです。

勝負事ですから、勝つときもあれば、負けるときもあります。

大事なのは、負けてくよくよするのではなく、どんなときでも勝つイメージを持って、すべてをプラスに考えることです。

腐らずに。妬《ねた》まずに。いいときも、おごらずに。

前だけを見つめ、目の前のことをひとつひとつ、淡々とやっていけば、必ずいいことがあるはずです。

昨年は、僕にとってあまりいい一年ではありませんでした。

キズナの故障につきあうように、自分自身も落馬事故で右手親指を骨折。リーディング争いからも脱落してしまいました。

こんなのは、武豊じゃありません。

今年のキーワードは再出発――新人に戻ったつもりで、夢中になって競馬に取り組みたいと思っています。

もちろん、その覚悟もあるし、自信もあります。

僕のこんな気持ちに合わせるように、キズナも帰ってきました。

——一緒に頑張ろうな。

帰厩したキズナの首を抱きしめ、心のなかで語りかけた言葉は、そのまま僕の決意表明でもあります。

昨年果たせなかった「天皇賞・春」の戴冠《たいかん》。春のグランプリ「宝塚記念」。「フォア賞」から続く、「凱旋門賞」制覇の夢……動き出した時計の針は、二度と止まることはありません。

やっぱり、武豊だった——。

みなさんにそう言っていただけるように、もっともっと頑張ります。

２０１５年２月　武豊

キス

「勝つ」ための思考法

目次

特別付録

装丁　妹尾善史（landfish）
写真　川井博（フォト・チェスナット）
構成　工藤晋
企画・編集　佐野健二（双葉社）

「勝つ」ための思考法　―前編

難解なパズルを解くような騎乗

クセ者といえば、長嶋茂雄元監督、直々に命名された元木大介さんが有名ですが、サラブレッドにも数多くのクセ者がいます。

忘れられたころに突然好走する馬。

単騎逃げに持ち込めば、粘りに粘る馬。

気まぐれのように、鬼脚を見せる馬。

右回りから左回りに変わることで、まるで違う顔を見せる馬……。

数え上げたらきりがありません。

09年の「京都牝馬S」を勝った荒川義之厩舎のチェレブリタもそうでした。追い込んでは届かずの競馬が続いていた彼女の評価は6番人気。

レース当日、先生からいただいたアドバイスは、

「道中はリラックスさせて。左右に馬を置くと闘志を燃やすので、最後は挟まれた感じで走ってくれれば」

というものでした。

言葉にするのは簡単ですが、求められている技術はハイレベルです。

いかにも挟まれているように思わせながら、実は挟まれずに走る――。

つまり、まずは、インに潜り込む大胆さが必要。次に、接触しそうで、でも、させないという繊細さが同時に求められているわけです。

「わかりました」

返事をしたものの、その前年11月の落馬による事故で右尺骨を骨折。自分でも驚くほどの回復力で、わずか28日後に現場に復帰できたとはいえ、冷たい風が吹

くと右手首が痛む僕にとっては、かなりハードルの高いレースとなりました。

道中は後方2番手でじっくりと脚をため、4コーナーを回って迷わずインへ。左右に馬を置きながら、シャーベット状の土が顔に飛んでくるのにも耐え、とにかく他馬とぶつからないよう細心の注意を払いながら闘志を掻き立てる――。難解なパズルを組み立てるような気持ちでレースを進めていました。

ここまではほぼ、すべて計算通り。完璧な内容です。

そして、それに応えるように、チェレブリタも一発で正解を導き出してくれました。

作戦通り左右に馬を置いたままGOサインを送ると、馬群を割るようにして飛び出し、あとはゴールまで一直線。寒風吹きすさぶ京都競馬場をものともしない熱い走りで、重賞制覇――最後の直線は、圧巻の一語でした。

レース後のインタビューで、

「もう右手は大丈夫。ステッキもバンバン振れます」

と強がりを言いましたが、内心では寒さと痛さで顔を思いっきりしかめていたことも、今となってはいい思い出です。

年中無休の競馬は、1月中盤から2月にかけて、一年でもっとも寒く辛い季節に突入します。

「騎手の人は寒くないんですか？」

たまにファンの方に質問されますが、そんなことはありません。

寒いものは寒いです。

「身体にも心にも優しい5月、6月と同じ騎乗手当はおかしいやろう」

「寒さ手当をプラスしてほしいわ」

敢えて口にすることで、騎手同士、その辛さを分かち合っています。

「昨日買ったアンダーウエア、結構、温かいっすよ」

「エッ、マジで!?　どこで買ったの？　オレも明日、買いに行こう！」

先輩、後輩を問わず情報交換をして、少しでも温かいアンダーウエアを着込んだり、ズボンの裏地を替えたり、涙ぐましい努力を重ねています。

まあ、それでも、パドックや返し馬は天を呪いたくなるほど寒いのですが。

こんな騎手の冷たい身体を温めてくれるのは、馬の頑張りとファンの方の熱い声援、そして、なによりも結果です。

雨ニモマケズ
寒サニモマケズ
タダヒタスラ勝利ヲメザス
ソウイウ騎手ニ
ワタシハナリタイ
勝てば寒ささえも忘れられる——。
騎手の悲しい性《さが》です。

覚悟を決めるのが勝負師の基本

小悪魔のような魅力を持った女の子の話をしましょう。

僕が彼女に出会ったのは、野茂英雄さんが、日本人プレイヤーとして初めてノーヒットノーランを達成した1996年。小倉競馬場で行われた新馬戦です。

7馬身差の圧勝という結果もそうですが、スピード、センス、潜在能力……どれをとっても超一級品でした。

——彼女はほかの誰にも渡したくない。

ジョッキーとしての本能がそう叫んでいました。

そうです、これが〝日本初の海外GⅠ勝ち馬〟、フランスのGⅠ「モーリス・

ド・ゲスト賞」を制したシーキングザパールとの物語の始まりです。

続く2戦目……中山競馬場で行われた「新潟3歳S」（現＝新潟2歳S）は、今思い出しても冷や汗が流れます。

事件の予兆はゲート内から感じていました。

間違いなくシーキングの末脚は超一級です。しかし同時に、当時の彼女は、「調教にもあまり乗りたくない」

と思わせるほどの気性難を抱えていたのです。

「あっ！」

と思ったときには、すでに大きく出遅れていました。

1200メートルのレースでは、すでに勝負ありです。

ただし、これだけなら、そんなに大きな問題ではありません。デビュー直後のサラブレッドにはよくある話です。

問題はここからなんです。

大きく出遅れたうえに、突然、鞍上の僕を完全に無視して、外ラチに向かって一直線。

「ウソやろう！」

叫んだときには、もう目の前に外ラチが迫っていました。

レース後、恥ずかしさを隠すために、

「ゲートを出てから弁当を買いに行ったみたい」

とコメントしましたが、騎乗していて、あのときほどゾッとしたことはありません。

もっとも、致命的な出遅れをしたうえに、逸走のオマケ付きだったにもかかわらず、最後の直線で鬼脚を爆発！

勝った馬からわずか2馬身半差の3着に食い込み、その名前を競馬ファンの間に轟かせたのですから、さすがに役者が違います。

GⅡ「デイリー杯3歳S」（現＝デイリー杯2歳S）を制し、続く、3歳女王決定戦、「阪神3歳牝馬ステークス」（現＝阪神ジュベナイルフィリーズ）は、気難しさが災いして4着に惨敗。

いつしか彼女は、〝気まぐれな魔女〟と呼ばれるようになっていました。

4歳時の快進撃は、文字通り向かうところ敵なしでした。「シンザン記念」を皮切りに、「フラワーC」、「ニュージーランドT4歳S」と3連勝。続く、GⅠ「NHKマイルC」でも優勝。誰もが羨む相思相愛の仲だったと思います。

好事魔多し――。

気管と食道の間の弁がくっつく喉頭蓋エントラップメントで喉の手術を余儀なくされたのは、さらなら飛躍が期待された4歳の秋でした。

手術は無事に成功したものの、

「以前のような走りは出来るのか!?」

期待と不安の中で迎えたのが、京都競馬場を舞台に行われるGⅢ「シルクロードS」でした。

1枠1番の白帽子。

激しくなるだろう先行争いを避け、道中は後方待機。

「京都は必ず直線で内があく」

という作戦に間違いはありませんでした。

あとは、シーキングが、シーキングらしい走りをしてくれるかどうかです。

一部ファンの間では、

「武豊は馬と話ができるらしい」

と、まことしやかに囁かれているようですが、それは嘘です。

でも、話はできませんが、馬を信じ、覚悟を決めて乗るのが勝負師としての極意です。

結果は、シナリオ通り、クビ差かわしての復活V！

僕とシーキングのひとつの恋が結実した……そんな瞬間でした。

仕事でもプライベートでも、パートナーは素直で気持ちが和《やわ》らぐ人のほうがいい——。

これもひとつの真理です。

が、しかし。気難しいといわれる人も、硬い殻の内側には、もしかすると、だれよりもやさしく、人並み外れた能力を持っているかもしれません。

勝負の世界に「近道」はない

突然ですが、クイズです。
ドリームパスポート
アサクサキングス
レインボーペガサス
リーチザクラウン
ネオヴァンドーム
トーセンラー
ワールドエース

タマモベストプレイ
トーセンスターダム
ルージュバック

この10頭に共通するキーワードはなんでしょうか？

答えは、京都を舞台に行われるGⅢ「きさらぎ賞」（芝1800㍍）のここ10年の優勝馬です。このレースは、春のクラシックに直結するレースで、メイショウサムソン（06年2着）やオルフェーヴル（11年3着）など、その後、競馬史に名前を残した馬たちが参戦していました。

僕自身、このレースを勝ったのは6度。

マイネルフリッセ（88年）
スキーキャプテン（95年）
スペシャルウィーク（98年）
シルヴァコクピット（00年）

リーチザクラウン（09年）

トーセンスターダム（14年）

いずれも思い出深いパートナーたちです。

どの馬にもポケットに入りきらないほどの思い入れがありますが、なかでも、強烈な印象を残してくれたのは、後に僕にダービーをプレゼントしてくれたスペシャルウィークとのレースでした。

デビュー戦を快勝。

続く2戦目は、予定を一週早めたことが影響して2着に惜敗。この時点で、クラシックへの道が微妙にずれはじめていました。

軌道修正するために重要となるのが3戦目です。

自己条件である500万下のつばき賞で着実に賞金を積み上げていくのか。

それとも、格上挑戦となる「きさらぎ賞」で一気に権利を取りに行くのか。

彼を管理する白井寿昭先生とは、何度も話し合いを重ねました。

「ひとつひとつ、段階を踏むべきだ」

「いや、大きいところを狙うためには、ここで勝負したほうが……」

1＋1＝2という方程式があればいいのですが、そういう問題ではありません。

誰にも正解は……わからない。

だからこそ、悩みはより深く、まるで、闇の中で出口を手探りしているようなものでした。

こんなとき大切なのは、一時の感情で決めたり、もうどっちでもいいやと投げ出したりしないことです。

お互いが納得するまでとことん話し合う——。

そうすれば、道は開けてくるはずです。

このときは……そう、思わぬところに、道がありました。

「つばき賞」は除外。進むべき道は、「きさらぎ賞」しかなくなったのです。頭を抱えたスタッフもいたと思います。しかし、道はもうそれしかないのです。そして、僕自身はこの結果に、内心、

「やった！」

と快哉《かいさい》を叫んでいました。

相手は、3歳女王（当時の表記）のアインブライドとGⅡ馬・ボールドエンペラーです。簡単に負かせる相手ではありません。しかし、十二分に勝つ自信はあったし、ここを勝てないようなら、クラシック……ダービーは獲れない。そんな強い思いがあったのです。

——勝てなければ、その責めは自分が負う。

騎手としてのプライドをかけた戦いでもありました。

道中、インで我慢したスペシャルウィークは、GOサインと同時に鋭く弾け、最後は3馬身半の差をつけて優勝。

レース後は、僕も白井先生も、勝てた喜びより、

「これで、望みが繋がった」

という安堵感に、ほっと胸を撫で下ろしていました。

いかに強い馬でも、いかに自信があっても、勝負の世界は何が起こるかわかりません。すべてを引き受け、最善を尽くす。それがひとつひとつの結果に繋がっていくのです。近道はない。勝負の世界とはそういうものなのでしょう。

乗り替わりの悲喜は表に出さない

世の中には、〝まさか〟ということが起こります。

歴史的にいえば、東西ドイツの統一や、ソ連の崩壊がまさにそれでしょう。

僕が習った歴史の教科書には、東ドイツも、西ドイツも、ソビエト連邦共和国も載っていたのに、今はそれがありません。

「まさか、あの人が、あの人と結婚!?」

「まさか、あの人が脱いだ!?」

週刊誌の見出しを見ると、〝まさか〟の連発です。

プロ野球界にも、〝まさか〟が起こりました。

一昨年のキャンプインを前に、日本ハムの糸井嘉男選手の緊急トレードが成立。４年連続で３割をマークし、ＷＢＣでも中心選手として活躍が期待されていただけに、当時、驚いた方も多いことでしょう。

「糸井さんトレードとか、ありえん」

今年、メジャー４年目を迎えるレンジャーズのダルビッシュ選手が、当時、思わずそう呟いたのもわかるような気がします。

しかし、です。プロ野球にかぎらず、プロの世界ではままあること。当の糸井選手も、「今は寂しい気持ちでいっぱいですが……」という言葉の後に、

「この世界では当たり前のことと捉えています」

と綴っていました。

トレードではありませんが、競馬の世界には乗り替わりがあります。

そこには、大人の事情というヤツを含め、ケガや海外遠征のためなど、いろいろな理由が存在します。ケガや海外遠征の場合は仕方ありませんが、騎手の力量

を問われての乗り替わりの場合は、乗り替わるほうも、乗り替わられるほうも、やっぱり心中穏やかではありません。

ただし、それを表に出したり、いつまでも気持ちを引きずったりするのは本物のプロではありません。

プロはあくまで力の世界——。

力がなければ馘首《クビ》になるし、力を認めてもらえれば、有力な騎乗馬がその騎手のもとに集まってくるものです。

主戦ジョッキーから降ろされたときは、ひとり孤独に耐え、悔しさを噛み締めればいいし、乗り替わりで有力馬が回ってきたときは、何事もなかったかのような顔で、期待に応える騎乗をする——。それが真のプロフェッショナルです。

これは、馬にも人にも言えることですが、力があり、縁があれば、再び巡り合えることもあります。

全34レース中、新馬戦以外は全てオープンレース。そのうち30戦が重賞レースで、GⅠの勲章を9つも取った〝砂のモンスターホース〟ヴァーミリアンもそんな一頭でした。

ディープインパクトと同世代だったため、05年のクラシックには騎乗できませんでしたが、デビュー戦のころから、

「砂では相当に走りそうやな」

という感触を持っていただけに、ダート転向初戦となる9戦目からのコンビ復活に快哉を叫んでいました。

ところがです。

ダートの世界にも、彼と同世代に、〝砂のディープインパクト〟と呼ばれたカネヒキリがいました。

本音を言えば、二頭とも乗りたい。

しかし、現実は非情です。

なぜ、同じ年に三頭ものスーパーホースを誕生させたのか——。

当時は、神様のいたずらを恨みたくなったものです。

「もう一度、ヴァーミリアンに乗らないか？」

これほど嬉しかった言葉はありません。

07年から彼とコンビを組めたことは、まさに天の配剤でした。

縁という言葉は、確かに存在する——。

ヴァーミリアンはもちろん、石坂正先生、厩舎スタッフをはじめ関係者すべてのみなさんには、言葉には出来ないほど感謝しています。


目を瞑《つむ》ると、すべてのレースを思い出すことができるし、今も僕の頭のなかでは、勝負根性を剝き出しにしたヴァーミリアンが、砂を蹴り立てて、得意のダートコースを走り続けています。

真の天才ジョッキーは安藤勝己さん

「豊クン」

「豊さん」

「豊ジョッキー」

みなさん僕を呼ぶときの呼称は人によってさまざまです。

負けて返ってくると、スタンドのお客さんはほぼ呼び捨て。

「豊ーッ！　金返せ!!」

アチコチからそんな怒声が聞こえて来ます。

そんな中、ごく稀に僕のことを「豊チャン」と呼ぶ方がいるのですが、一昨年、引退された安藤勝己さんもそのひとりでした。

はじめてお会いしたのは笠松競馬場です。

「アンカツさんには気をつけろ」

当時、JRAの先輩たちから、耳にタコができるほど、この言葉を聞かされていました。

今ではちょっと想像出来ませんが、若いころの安藤さんは、かなり尖《とが》っていたらしく、

——教官をぶん殴ったことがあるらしい。

とか、

——先輩騎手をどついているらしい。

とか、さまざまな武勇伝を持っていたのです。

ところが、です。いざ、園田競馬場に行くと、ニコニコと笑みを浮かべ、いきなり、「豊チャン」ですから、肩透《かたす》かしを食ったような気がしたのを覚えていま

す。

——聞くと見るとでは大違い。

——噂を鵜呑みにしてはいけない。

——見た目にごまかされるな。

どれも近いような遠いような。安藤勝己さんは、いろいろな意味で意外性のある先輩ジョッキーでした。

ちなみに、一緒に飲んだときに、武勇伝の真偽を伺ったことがあるのですが、

「うん、全部、ホントだよ」

とのお返事でした（笑）。

地方で3353勝。JRAで1111勝。

JRA重賞81勝のうち、GI勝ちが22。

数字を並べるまでもなく、いや、数字以上に、安藤勝己は偉大なジョッキーで

した。

と同時に、僕には理解不能な人でもありました。

――どういう発想をしたら、この馬でこの乗り方が出来るんだろう。

そう思ったことは一度や二度ではありません。

――もしかしたら、どんな馬に乗っても勝っちゃうんじゃないのか!?

背中に冷や汗をかいたことも、数多くあります。

馬に負けたというより、安藤さんに負けたと痛感させられるレースが、次々に頭に浮かんできます。

考えて、考え抜いて作戦を組み立てたはずなのに、一瞬のひらめきで、すべてをひっくり返されてしまう。

僕のことを天才騎手と呼んでくださる人もいますが、〝天才〟という呼び名は、安藤さんにこそふさわしいものでした。

そしてもうひとつ。

僕が憧れてやまないのは、物事に動じない安藤さんの生き方です。

勝っても、負けても、いつも同じ顔です。何事にも心を動かさない平常心は、スゴイの一言です。


あれは08年、「天皇賞・秋」のレースでした。

僕が乗るウオッカと安藤さんが騎乗したダイワスカーレットの競馬史に残る一騎打ちです。

10分にも及ぶ長い写真判定の間中、僕は息をするのも苦しかったのに、隣の安藤さんは飄然《ひょうぜん》としたままです。

そして、わずか2センチの差でウオッカの優勝が確定した瞬間、安藤さんは、あのいつもの笑顔で、

「おめでとう」

と右手を差し伸べてくれたのです。

2センチ差で勝敗が分かれたウオッカ（左端）とダイワスカーレット（右端）

騎手として、もう一緒に乗れないと思ったときは、どこかホッとした部分もありましたが、それ以上に寂しさが募《つの》りました。それは今も変わりません。

安藤さん、近いうちに、また一杯、やりましょう！

どんな条件でも微動だにしない

競馬はオールシーズンの競技。年末年始の数日を除くとほぼ毎日、日本全国、どこかの競馬場でレースが行われています。

春は、満開の桜の下で。

夏はうだるような暑さの中で。

秋は澄み渡る青空を見上げながら。

冬は吹きすさぶ寒風に身を縮めるようにして。

目で、耳で、肌で感じることができる美しい四季を、身体全部で味わいながら騎乗できるのは、日本だからこそ。コースを走っている僕ら騎手と、スタンドから見下ろしているファンの方とでは目線の位置こそ違いますが、同じ時、同じ場所で、同じ空気を味わっているという意味では、同じく日本の四季を愉《たの》しんでいる仲間のようなものかもしれません。

でも、いいことだけではありません。

勝ち負けに関係なく、当日の天候によっては厳しい環境の中でレースをすることだってあります。さすがに、台風の直撃や緑の芝を真っ白に覆い尽くすような大雪ともなれば開催が順延されますが、それも年に一度、あるかないか。雨天中止もドームもない競馬は馬も騎手も、ほかのスポーツに比べ、なかなかキツイ環境の中で勝負しているのです。

「一番、嫌な季節はいつですか？」

イベントなどで質問されると答えに困ります。

花粉症を発症してからは春が憎いと感じるようになって（苦笑）。夏は好きですが、さすがに、勝負服の中を汗がダラダラと滴り落ちる酷暑も敬遠したいし、風が身を切るような極寒の冬も出来れば遠慮したいというのが本音です。

言い出したらきりがありませんが、なかでも嫌なのは、前日から降りしきる大雨の影響で不良馬場……それも、ドロドロにぬかるんだ馬場を前にすると憂鬱な気持ちになります。

「ドロンコ馬場のときは、どんな対策をしているのですか？」

真摯《しんし》な眼差しに応える言葉は持ち合わせていません。

そう。塊になって飛んでくる泥で目が塞がれるのを防ぐため、ゴーグルの上に泥除けのシールドを何枚か着けるくらいで、あとは何もなし。逃げ馬に騎乗するときはまだいいのですが、差し馬の場合は、前を走る馬が跳ね上げる泥で、レースが終わったときには顔は真っ黒。惨いときは口の中が泥でじゃりじゃりしています。

あれは、白毛馬のユキチャンをパートナーに挑んだ２００９年２月25日に行われた統一GⅢ「エンプレス杯」（ダート２１００メートル）でした。

父はクロフネ。母は同じく白毛のシラユキヒメ。

初めてコンビを組んだ08年6月18日のＪｐｎII「関東オークス」（ダート2100メートル）では、初めて経験するダート戦に挑み、2着に8馬身の差をつけるレースレコードで快勝。日本の競馬史上初となる白毛馬による重賞制覇を成し遂げるなど、数多くのファンに愛された可憐な女の子でした。

エンプレス杯当日の人気は2番人気。しかし、スタートでつまずき、ドロンコ馬場の中を中団から追走することになってしまったのです。

泥の中を必死にもがきながら、かき分けるようにして前に進みますが、前を走る馬が跳ね上げる泥で、瞬く間に真っ白な馬体が黒に染まってしまい、レースが終わったときには、ユキチャンじゃなくてクロチャンになっていました。

マイネルセレクトとともに挑んだ04年の統一GII「東京盃」（ダート1200メートル）も忘れることが出来ません。

父フォーティナイナー。母ウメノアスコット。

ハギノトップレディの孫にあたる彼は、短距離のダート戦では無類の強さを誇るサラブレッドでした。

彼と初めてコンビを組んだのは、02年10月12日の3歳上１０００万下条件のレース。このときは2着に甘んじましたが、次走を快勝。2年後、再びコンビを組むと、1月11日のGⅢ「ガーネットS」（ダート１２００㍍）で優勝。結果は５着でしたが、ドバイのGⅠ「ドバイ・ゴールデン・シャヒーン」（ダート１２００㍍）では、世界の強豪を相手に堂々とした走りを見せてくれました。

さあ、そして、東京盃です。

発表は不良馬場。

それもハンパな不良馬場ではありません。大雨の影響でコースには水が浮き、もうほとんど、競艇場です。

不良馬場が得意とか、苦手とか、そういう次元の話ではありません。全馬同じ条件で、しかも、どの馬にとってもはじめての経験ですから、出たとこ勝負しかありません。

「馬の力を信じて、行くしかない！」

この僕の思いが伝わったのかどうか。道中、6〜7番手を追走したマイネルセレクトは、乗っている僕が驚くほどの力強い泳ぎ（？）で、差し切り勝ちをしてくれたのです。

出来れば、良馬場で……騎手の誰もがそう願っていますが、これぱかりは、神のみぞ知るです。台風が来ないように。梅雨前線が活発にならないように祈るしかありません。

雨で視界を塞《ふさ》がれようが、泥が口の中に入ろうが微動だにしない。

レースだけに集中するのも、勝つためには重要なファクターです。

馬産地・北海道にGⅠレースを！

日本最大の馬産地は北海道です。サラブレッドの約8割はこの北の大地で生まれ、競走馬としての基礎を身につけます。

引退した名馬たちの多くが、残りの馬生を過ごすのもこの北海道で、夏になると数多くの競馬ファンが、「あの馬にもう一度会いたい」と、牧場を訪れます。

同じように僕も、北海道に行くときは、かつてのパートナーの顔を見るために牧場を訪ね、束の間、思い出に耽《ふけ》ったりしています。

ファンの心に深い衝撃を与え続けた無敗の三冠馬、ディープインパクトは社台スタリオンステーション。

ダンスインザダークを父に、〝華麗なる一族〟エアグルーヴを母に持つフォゲッタブルは、ノーザンホースパーク。

僕にはじめて、〝ダービージョッキー〟の称号をプレゼントしてくれたスペシャルウィークは、レックススタッド。

ドバイデューティーフリーをはじめ、数多くの勲章を手にしたアドマイヤムーンは、ダーレー・ジャパン。

ヴァーミリアン、ローズキングダム、ダンスインザダークが仲良く過ごすブリダーズスタリオンステーション……そのほかにも、共にターフを駆け抜けた名馬たちが、今も元気に暮らしています。

それだけではありません。全国に10ある競馬場の内、２つは北海道にあり、夏競馬の期間中、多くのファンが函館と札幌を訪れます。

ところが。この北海道で行われる重賞競走は、函館競馬場でGⅢが３つ。札幌競馬場でGⅡが１つと、GⅢが４つ。GⅠ競走はありません。いたずらにGⅠ競走を増やせばいいというものではありませんが、最大の馬産地である北海道でＧＩがないというのを寂しく思うのは、きっと僕だけではないと思います。

「北海道にＧＩレースを！」

みんなの声がひとつになれば、ＪＲＡを動かすことも可能です。ぜひ、みなさんも声を上げてください。


小倉を主戦場にし、ヨーロッパにも出かける僕にとって、数はそれほど多くありませんが、北海道の競馬に参戦するのは、夏の愉しみのひとつです。特に、父・武邦彦の生まれ故郷で、親戚もたくさんいる函館でのレースは、いいイメージを持っています。しかし、なぜか、札幌、函館で行われる重賞競走を比較すると圧倒的に札幌の方が成績がよいのですから、不思議な感じがします。

まず、札幌から。

「札幌２歳ステークス」（芝１８００㍍）は、95年のビワハイジ（当時＝札幌３

歳S）と07年のオリエンタルロック。

「エルムステークス」（芝1700㍍）は、97年のバトルライン。

「クイーンステークス」（芝1800㍍）は、10年のアプリコットフィズ。

「キーンランドカップ」（芝1200㍍）での優勝はありませんが、GⅡ「札幌記念」（芝2000㍍）は、93年のナリタチカラで初Vを飾ると、96年マーベラスサンデー、97年、98年をエアグルーヴで連覇。03年サクラプレジデント、続く04年はファインモーション。06年アドマイヤムーン。13年トウケイヘイローと、計8度も、新鮮な魚介類を肴に美味しいお酒を味わってきました。

　次は函館です。

「函館2歳ステークス」（芝1200㍍）は、97年にアグネスワールド（当時＝函館3歳S）。

「函館スプリントステークス」（芝1200㍍）は、94年第1回大会のゴールドマウンテン。

「函館記念」（芝2000㍍）は、13年のトウケイヘイローで勝ったのがはじめてで。それぞれ1勝ずつですから、大きなことは言えません。

特に「函館記念」の印象は薄いんです。いつもなら、当日の天候から馬場状態、レース内容までパッと頭に浮かんでくるのになぜか、記憶回路がうまく繋がりません。

はこだてきねん!?

「う～ん、何がいたかな」

思い出したのが、ファインモーションです。

彼女は乗りやすいうえにスケールの大きな馬で、

「いったい、どこまで強くなるんやろう」

と思わせてくれた女の子でした。

最終的には1・1倍になりましたが、直前まで1・0倍だった「秋華賞」での強さは、本物中の本物でした。ムチを一発も入れることなくGIのゴールに飛び込んだ馬は、片手で数えられるほどしかいません。伊藤雄二先生が、「ほんまもんのお嬢様」と呼んでいたのもわかるような気がします。

その彼女が、歳を重ねるにつれ、頑固なオバサンに変身。大惨敗した「安田記念」（13着）後のこのレース（04年）でも、詰めの甘さが出てしまいクビ差の2着。もう一歩のところで涙を飲みました。

好きな女の子には、いつまでも、可憐で、美しく、素直でいてほしいと思いますが、人も馬も、現実は思った以上に厳しいものです（笑）。

みなさんも、十二分にお気をつけください。

失敗をどう次に活かすか

思わぬところから思わぬレターをいただきました。

「トルコジョッキークラブ国際騎手招待レース」への招待状です。

ちょっと……いや、かなりワクワクしています。

——えっ!?　トルコにも競馬があるの？

心の中で、口に出して、そうつぶやいた人は、世界中、すべてのサラブレッドのサイヤーを遡ると、必ず三頭の種牡馬に辿《たど》り着くという三大始祖を思い出してください。

一頭はシリアの遊牧民族によって生産されたといわれる純血のアラブ種、ダーレーアラビアン。26戦してすべて勝った5代目、エクリプスが有名で、サンデーサイレンスやトニービン、ブライアンズタイムもこの流れを汲んでいます。ちなみに、ディープインパクトは25代遡るとこのダーレーアラビアンに辿り着きます。

もう一頭は推定1724年、北アフリカのバーバーリーで生まれ、その後、ヨーロッパに渡ったとされているゴドルフィンアラビアン。日本でこの流れを汲むのは、クライムカイザーやサニングデールです。

そして、最後の一頭がバイアリーターク。トルコがその生誕の地といわれている馬です。日本ではこのバイアリーターク系のサラブレッドが数多く歴史にその名前を残しています。種牡馬として輸入したパーソロンから、シンボリルドルフ、メジロアサマに受け継がれた血はメジロマックイーン、トウカイテイオーを産むことになりました。

うんちくはこのくらいにして、話をトルコに戻しましょう。

7月17日、「トルコジョッキークラブ国際騎手招待レース」が行われるヴェリフェンディ競馬場は、イスタンブールから車で30分ほどの距離にあり、みなさんが頭の中で想像している以上に近代的な競馬場……雰囲気としては、香港の競馬場に似ています。

「うん!? どうでもいいけど、なんで武豊はそんなにトルコに詳しいんだ?」

「あっ、わかった。以前、トルコ競馬に参加したことのある後輩の川田(将雅)騎手に話を聞いたな」

――いえいえ。そうではありません。

2001年に本拠地をフランスに移し、ヨーロッパの競馬に参戦しましたが、その際、トルコの国際招待レースGⅡ「ボスポラC」(芝2400メートル)に騎乗した経験があるのです。

レース前日、イスタンブールに入った僕は、世界遺産に指定されているトプカピ宮殿を観光。16〜17世紀にかけて栄えたオスマン・トルコ帝国の国王が住んでいたという建物と、数々の秘宝・宝石を前にして、ちょっとしたタイムスリップ気分。とても貴重な時間を過ごすことができました。

それが精神的にプラスに働いたのかもしれません。

このときのパートナー、クレイブルック（牡6）は、6頭立ての6番人気でしたが、彼の武器である切れ味に賭けるレースを展開し、最後の直線では、

「この手応えなら届く！」

というところまで、優勝馬を追い詰めることができました。

騎手をやっていくうえで、こういった経験というのは何よりも貴重なものです。

レースは何が起こるかわかりません。

若手のジョッキーが勢いで勝つことだってあります。

しかし、ギリギリの状態になればなるほど、この経験が生きてくるのです。コース形態。勝負のポイント。どこで馬を抑え、どこでGOサインを出せばいいのか。馬を知り、展開のあやを読み、コースを知っていれば、慌てることはありません。

経験値は多ければ多いほどいいのです。

昨年、テニスの錦織圭選手が、はじめて進んだ全米オープンの決勝で力を出しきれずに敗れましたが、次に同じような場面に立ったら、必ず最初の経験が生きるはずです。3度目があったらさらにプラスに働くし、4度目には余裕さえ感じるでしょう。

――未知の体験も、一度、経験してしまえば、それはもう未知ではない。

これは、すべての人に当てはまる言葉です。

だれにでも、はじめてはあります。はじめてなんだから、失敗するのは当たり前です。

大切なのは、失敗を次にどう活かすのかです。

ひとつひとつ経験値を積み上げ、どんな状況になっても慌てず、騒がず、冷静にその場を見極め、適切な判断を下すこと——それが歳を重ねることの意味であり、ベテランの渋さです。

「トルコジョッキークラブ国際騎手招待レース」には、僕のほかにも、フランキー（ランフランコ・デットーリ）をはじめ、世界中の競馬場で顔を合わせる騎手が参加する予定です。

ライバルとして、同じ世界選抜チームの仲間として腕を競い合い、しかも、レースによっては、普段では考えられない応援もできるというのは、かなり新鮮な気分です。

世界中、呼ばれたらどこへでも、ムチと鞍を持って出かけていく——それが武豊の競馬哲学でもあります。

勝負に勝ちたいならタフであれ

あれは、一昨年のことでした。

会う人会う人に、

「携帯電話が繋がらないから、また落としたのかと思ったよ」

と言われ、なんだろうと首をひねったことがありました。

一年に4~5回は携帯電話を失《な》くしているので（苦笑）、強く否定はできませんが、あのときは、僕にしてはめずらしく、失くしてなくて（笑）。

——なぜだろう？

2010年に騎手会長を拝命してから土、日以外も、打ち合わせやイベントなどスケジュールがいっぱいで、電話に出られないことも多いのですが、それはあのとき、急にそうなったわけではありません。

――ほかに何か理由はあったかな？

記憶を辿り、気がついたのが、移動の多さでした。

スタートは、7月6日、7日の競馬です。

金曜日に京都から名古屋に移動して、2日間とも中京競馬のレースに参戦。翌8日は北海道に移動。武豊TVの取材も兼ねて、苫小牧市のノーザンホースパークで開催されたセレクトセールに行っていました。

牧場の関係者、馬主さん、調教師の先生、ジョッキー、報道関係者……競馬に携わるすべての人間が注目する一大イベント。これだけたくさんの方が一堂に会するのは、ほかではJRAの表彰式くらいのものです。

それだけに、ちょっと歩くと、知った顔にぶつかり、競馬談義がはじまります。運良く（？）競馬レポーターの鈴木淑子さんに出会った僕も、『週刊大衆』

のカラーページに掲載されるセレクトセールのナビゲーターという大役を仰せつかることになりました（笑）。

2日間、北海道とは思えないほどの暑さにも驚きましたが、目を見張ったのはその売れゆきです。

初日の1歳馬、2日目の当歳馬ともに、飛ぶように売れ、総額は過去最高の117億6470万円。

父ディープインパクト、母アゼリの仔、アゼリの2013が、2億4000万円。

父ディープインパクト、母マルペンサの仔、マルペンサの2013が2億3000万円。

父ディープインパクト、母リリーオブザヴァレーの仔、リリーオブザヴァレーの2013が、1億9000万円。

父ヴィクトワールピサ、母メイキアシーの仔、メイキアシーの2013が、1

億1000万円。

すべて税別です。

「これもアベノミクス効果かな」という声があちこちから聞こえていました。

昨年は、この数字をさらに上回り、総額、125億7505万円。

父ディープインパクト、母アゼリの仔、アゼリの2014が、2億5000万円。

父ディープインパクト、母アドマイヤキラメキの仔、アドマイヤキラメキの2014が、2億2000万円。

父ディープインパクト、母ミュージカルウェイの仔、ミュージカルウェイの2014が、1億8000万円。

父ハーツクライ。母ピラミマの仔、ピラミマの2014が、1億5500万円。

金額もさることながら、騎手としては、どれも一度は乗ってみたいという馬ばかりでした。

話を一昨年の7月に戻します。

京都から名古屋、そして北海道。さらに移動は続きました。

11日は、東京・日本橋三越で行われているイベント「大黄金展」に出席。500枚を超える金箔を施された黄金のオグリキャップに騎乗する機会をいただきました。

イベント終了後、一度、京都に帰り、翌日には北海道へ逆戻り。13日、14日の2日間、函館競馬への参戦です。

ここでは、トウケイヘイローをパートナーに、GⅢ「函館記念」を制覇。函館での重賞勝利は16年ぶりで、たくさんいる親戚の方にもようやく面目を施すことができたかなと、ほっと胸を撫で下ろしたことを覚えています。

まだ移動が続きました。

函館競馬の翌日、15日は高知に移動。高知競馬のナイター競馬「夜さ恋ナイター」のゲストとして弟・幸四郎とのトークショー。

我ながらよく移動したなあと思いますが、まだまだ、これで終わりではありません。17日に開催された「トルコジョッキークラブ国際騎手招待レース2013」に日本代表として参戦。とんぼ返りして、21日、22日は中京競馬。そして、週末は夏競馬のはじまり、小倉競馬で騎乗していました。

これだけ移動していると、携帯電話が繋がらないのも当然です。

タフであること――。

これも勝負師の極意のひとつかもしれませんね。

疲れたときは、環境を変えることも必要

夏について書きたいと思います。

中学を卒業後、ＪＲＡ競馬学校に入学。ここでは、夏休みどころか3年間、ほぼ休みなしの生活を送ります。同期のマサヨシ（蛯名正義）と、いつも「腹、減ったなあ」とこぼしていたのを思い出します。

無事、卒業し、騎手になってからも、あるのは、数日間の正月休みのみ。ゴールデンウィークとも、夏休みとも無縁な生活を送ってきました。それでも、夏が来ると、毎年、なぜか、わくわくしてしまうから不思議なのですが（笑）。

みなさんは、夏という言葉から、どんなシーンを想像しますか。

山。高原。キャンプ。虫取り網……。

それとも、海。砂浜。水着のおねえさん!?

人それぞれでしょうが、僕にとって夏といえば……ジリジリと灼けるような暑さの中で行われる夏競馬、小倉競馬です。

「暑いのだけは勘弁してほしい」

騎手の中には、1レース終わるたびに、フーフーいっている人もいますが、僕は夏大好き人間です。どんなに暑くても、涼しい顔でいられるのが特技のひとつですから、先輩たちからも羨ましがられたものです。

「どんな秘密兵器を隠しているんや?」

「ないですよ、そんなものは」

「いいや。ユタカのことだから、ゼッタイに、何か、暑さ対策をしているはずや。そうじゃなかったらお前は人間やない」

すっかり怪物扱いでしたが、これという対策はしていません。

それでもこれまで夏バテしたという記憶がありませんから、我ながらすごいことだと思います。これも勝負師としての作法のひとつ……と胸を張りたいところですが、これだけは丈夫に産んでくれた両親に感謝ですね。

夏の小倉といえばもうひとつ、美味しいものを食べられるのが楽しみで。下関から直送される鯛、平目、雲丹《うに》といった海の幸に舌鼓を打つ――ジョッキーになってよかったと思う瞬間のひとつです。

平日の地方競馬や海外に参戦するケースが増えた今は、開催日ごとに新幹線で往復していますが、若いころは、着替えなどを車に積み込み、2カ月間長期滞在していたこともありました。そんなときは、決まって、兄弟子・河内洋さん（現=調教師）の後ろをついて回っていたものです。おかげで、小倉の裏路地にも随分と詳しくなりました。

そして、夏といえば、もうひとつ。

武豊の夏に欠かせないのが、フランス・ドーヴィル遠征です。

海沿いのリゾート地として知られるドーヴィルは、パリ社交界の人たちも訪れる場所だけあって、街の雰囲気も華やかで。競馬場は、ヨーロピアンスタイルの建物が軒を連ねるメインストリートから歩いてわずか5分のところにあります。

近代的な作りの日本と違い、木のぬくもりと歴史を感じさせるヨーロッパならではのスタイルが特徴。緑に囲まれた入口には、タキシード姿の男性とスーツ姿の女性が立ち、お客さんを出迎えてくれます。

ちなみに、僕もここから入場するひとり。そう、ドーヴィルでは、騎手もお客さんに混じって入口の門をくぐり、そこからジョッキールームへと向かいます。

「えっ⁉ 嘘……でしょう?」

日本の競馬しか知らない方にとっては信じられないことかもしれません。でも、フランスにかぎらず、ヨーロッパでは普通のこと。自分の騎乗するレースが終了した後などは、お客さんに混じって、スタンドから競馬観戦することだってできるんです。実際、ケンイチ（池添謙一騎手）が、はじめてドーヴィルに来たときは、空き時間になると2人で仲良くスタンドに並んで座り、競馬談義に花を咲かせていました。

のんびりしていて、時間がゆっくりと過ぎていく――。

それが、フランス競馬の良さのひとつでもあります。

シーキングザパールをパートナーに、日本馬初のGⅠ制覇を成し遂げた「モーリス・ド・ゲスト賞」が行われたのも、ここドーヴィルでした。あのときの歓喜と興奮は、今でも、まるで昨日のことのように思い出します。

はじめての落馬骨折もここでした。

ほかにも、同じ時期にドーヴィルに来ていたノリさん（横山典弘騎手）や、もうひとりの豊クン（吉田豊騎手）をカジノに案内したこともあります。そうそう、ドーヴィルのカジノで思い出しました。偶然、作家の伊集院静先生にお会いしたときは、本当に驚きました。僕もよく神出鬼没と言われますが、伊集院先生ほどではありません（笑）。

ずっと同じ環境にいると、肉体はともかく精神的には、疲れが澱《おり》のように溜まっていきます。そんなときは、環境を変えるのもひとつの方法です。特に年齢を重ねると、心のケアとリフレッシュが大切になってきます。

疲れたなと思ったときは、思い切って環境を変えてみる――ぜひ、やってみてください。

感謝の気持ちを学んだ競馬学校の意外な授業

「自分にも……こんな時代があったんだよなあ」

地方競馬教養センターから講師の依頼をいただき、僕でお役に立つならばと快諾。ひと言、ひと言に目を輝かすイガグリ頭の生徒たちを見て、思わずそんな言葉をつぶやいていました。

中央競馬は競馬学校。地方競馬は教養センター。呼び名は違いますが、騎手になることを夢見て、3年間、ストイックな生活を送っているのは同じです。

朝は5時30分に起床。

「そんなに早いの？」

という声が聞こえてきそうですが、驚くのはまだ早い。夏はさらに1時間繰り上がって、4時30分です。

眠い目をこすりながら、パンツ一丁で食堂に集合。毎朝の一大イベント、検量があります。

「検量……？」

体重測定と言ったほうがわかりやすいと思いますが、騎手の世界では、体重は測るのではなく、検査するもの。競馬学校では、それぞれの生年月日によってひとりひとり指定体重が定められ、3日続けて超過すれば退学……という厳しいルールが待ち受けていますから学生たちも必死です。

学校を卒業し、25歳を過ぎたころでしょうか。

「そんなに食べて大丈夫ですか」

と周囲から言われるほどよく食べるようになりましたが、それは食べても大丈夫だという自信があるからできること。さすがに学生のころは、100グラム単位で厳しく管理される体重コントロールに四苦八苦しながら、それでも、甘いモノを求めて目を血走らせていたような気がします。

「腹へったなあ」

いつも、誰かがつぶやいていて。気がつくと同期の全員が、お腹に手を当てていました。

月に3日ほど許されていた休日も、地図とにらめっこです。

「ここで地下鉄に乗り換えたら20円安いぜ」

「待て待て。ここまで自転車で行って、そこからバスという手もあるぜ」

お目当ては、甘いもの。

「あそこのケーキは量が多い」

「いや。この際、量より安さだ」

とか、そんな会話ばかり。

冗談にも高級とは言えないケーキを一口ほおばり、「おいしいなあ」と、うっとりできたのは、若さゆえの錯覚でした。

1分でも遅れると、次の休みが外出禁止にされてしまうから、帰り道はいつもダッシュです。

「やばい、あと3分しかない！」

息を切らしながらマサヨシ（蛯名正義騎手）と並んで走っていたのを思い出します。

そうそう、ウソかホントかわかりませんが、腹を減らした生徒が、夜中、厩舎に忍び込み、馬の飼料であるニンジンを盗み食いして教官につかまった……という笑えない伝説が残っています。

あんな生活は二度とできません。

というか、イガグリ頭で映っている当時の写真は今でも見たくないし、辛かった日々は思い出したくもありません（苦笑）。

そんな中で、唯一、いい思い出として残っているのが、お茶……茶道の授業でした。

「えっ!?　競馬学校で茶道？」

そんな声が挙がるのも当然です。僕も、入学するまで、茶道の授業があるとは夢にも思っていませんでした。

授業があるのは日曜日。担当の原千代江先生が馬場の周りから取ってきた季節の花を活け、掛け軸を掛け、水を汲み、茶道具を用意し、縁高《ふちだか》という重箱に和菓子を盛りつけて準備完了。一列に並んで畳の上に正座し、お辞儀《じぎ》からはじまります。

帛紗《ふくさ》の扱い方。道具の呼称と扱い方。立ち振る舞い。お茶のいただき方……そして何よりも、自分の心との向き合い方、馬へ、人へ、すべてのことに感謝する気持ちを持つことの大切さを学びました。

最初は、お菓子を食べられることで頭がいっぱいでしたが、いつの間にか、お茶の授業が楽しみになっていました。

僕だけではありません。いつもは歯を食いしばり、目をギラギラさせながら、騎手になることを夢見て、懸命に耐えていた一期生、二期生の先輩たちも、原先生の前では、普通の男の子に戻っていたような気がします。

初心忘れるべからず――。

わずか数時間の講義でしたが、生徒たちに、プロフェッショナルになることの心構えと覚悟を問いながら、僕は僕で、自分の原点を思い返すことができた、貴重な時間でもありました。

競馬学校については、過酷、過酷、また過酷のスケジュールや、梨狩りのイベントなど、まだまだ、伝えたいことがたくさんありますが、それはまたの機会に。

ゲートが開いた瞬間、親も弟も関係なくなる

兄弟で同じ競技に夢を抱き、心ならずも同じ舞台で対峙《たいじ》しなければいけないことがあります。

サッカーの三浦兄弟――お兄さんの泰年さんと弟のキングカズこと三浦知良選手。相撲の若貴兄弟――兄の若乃花関と弟の貴乃花関。一昨年、スーパーボウルでは、兄レイブンズのジョン・ホーバー監督と、弟49ersのム・ホーバー監督の対決が話題になり、プロ野球でも29年ぶりに、兄・江村将也投手（ヤクルト）と、弟・江村直也捕手（ロッテ）の兄弟対決が実現し話題になっていました。

そして――。

言うまでもありませんが、競馬界には、僕と弟・幸四郎の対決があります。僕と幸四郎は10歳違い。これだけ離れていると、一緒に遊んだというよりは、ちっちゃかった幸四郎が、いつも後ろからくっついてきていた……という記憶しかないのですが。

――兄弟で戦うのはやりにくくないですか？

幸四郎がデビューしたころは、ゲート内で並んでいたりすると、なにかくすぐったいような、背中が、もぞもぞするような、そんな不思議な感覚に襲われていました。

でも、それもゲートを出るまでです。

レースがはじまってしまえば、先輩も後輩も弟も関係ありません。まずは自分の勝利が最優先。さらにその後で、親父のためにも、幸四郎が2着になってくれたらそれがベストだと思います。

２０００年のGⅡ「日経新春杯」。

1着が僕とマーベラスタイマーで、2着が幸四郎とメイショウドトウ。

04年のGⅢ「小倉記念」は、僕とメイショウカイドウが1着で、幸四郎とメイショウバトラーが2着でした。

当然のことですが、このカタチでの兄弟ワンツーが理想です。

ところが。数えきれないほど兄弟で同じレースに乗っていますから、ときには幸四郎に足元を掬《すく》われることもあります。

あれは……97年の「セントウルステークス」でした。

95年にビコーペガサスをパートナーに優勝。翌96年はフジノマッケンオーで連覇を達成。このレースが重賞競走となった87年以降、第1回、第2回を連覇した兄弟子・河内騎手の記録に並んだ僕は、このレースで、密《ひそ》かに記録を塗り替えるチャンスを狙っていました。

しかし、2番人気に推された僕とエイシンガイモンを差し置いて、8番人気の幸四郎とオースミタイクーンのコンビが優勝。しかも、親父・武邦彦厩舎の所属馬というオマケ付きです。

結果論になりますが、この翌年、マイネルラヴで3度目のVを達成していただけに、もしあのとき僕が勝っていたら4連覇だったことになります。

ホント、幸四郎も余計なことをしてくれたものです(笑)。

まだあります。

スペシャルウィークのデビュー2戦目。あれは、98年1月6日、京都競馬場で行われた自己条件戦の「白梅賞」でした。

デビュー2年目の幸四郎は、名古屋から挑戦してきたアサヒクリークに騎乗。スペシャルウィークは1番人気、アサヒクリークは16頭立ての14番人気。3戦目で、「きさらぎ賞」への出走を考えていた僕とスペシャルウィークにとっては、負けられないレースだったのです。ところが、結果はなんと、アサヒクリークが1着、スペシャルウィークは2着。レース後、幸四郎のことをどやしつけていました（苦笑）。

兄弟でＧⅠワンツーフィニッシュしたのは一昨年の「秋華賞」です。幸四郎の乗ったメイショウマンボが優勝。重賞初挑戦だったスマートレイアーは2着。春に行われた「桜花賞」で、1着アユサンに騎乗したクリスチャン・デムーロと、2着レッドオーヴァルに騎乗したミルコ・デムーロ兄弟に続く史上2度目の兄弟ワンツーフィニッシュ。順番が逆だったらこれ以上ないほど理想的な結果でしたが、レース後、幸四郎の弾《はじ》けるような笑顔を見られたことで良しとしましょう。

兄弟で2週連続Ｖを達成したのは、2000年の秋でした。

最初に美酒を味わったのは、幸四郎。

10月15日に行われた「秋華賞」で、10番人気のティコティコタックに騎乗。デビュー4年目のこれが初のＧⅠ勝利でした。この年僕は、拠点を日本からアメリカのカリフォルニア・サーキットに移し、現地では、〝大穴ジョッキー〟と呼ばれていたころで。カナダを代表する競馬場のひとつ、「ウッドバイン競馬場」で幸四郎の快挙のニュースを耳にしました。

感想ですか？

デビュー2日目で、初勝利を重賞制覇で飾ったことといい、10番人気でのGI勝利といい、「勝つときは本当に派手やなあ」と呆《あき》れていました。

さあ、そして翌週、同じく京都を舞台にした牡馬三冠戦、最後の一冠、GI「菊花賞」は、僕とエアシャカールの出番です。

最初の一冠、「皐月賞」を制し、必勝を期した「ダービー」では、先輩、河内洋騎手が騎乗したアグネスフライトに、わずか7センチの差で惜敗。最後の一冠となった「菊花賞」は、是が非でも欲しいタイトルだったのです。

幸四郎→豊という順番にやや不満は残りますが（笑）、兄弟で2週連続GIという記録を歴史に刻めたことは、いい親孝行になったかなと思っています。

人生は出逢いと別れの繰り返し

２０１３年６月30日、名馬がまた一頭、この世を去りました――。

〝皇帝〟シンボリルドルフの最高傑作にして、顕彰馬にも選出されたトウカイテイオー……僕自身は一度も跨ったことはありませんが、その存在は、いつも僕の前に大きな壁として立ち塞がっていました。

ＪＲＡでの通算成績は12戦９勝。

その中には無敗のまま制した１９９１年の「皐月賞」「ダービー」。92年の「ジャパンカップ」。93年の「有馬記念」と４つのビッグタイトルがあります。特に、たび重なる骨折から不死鳥のように蘇った「有馬記念」は、オグリキャップのラストランとともに、競馬ファンに強烈な印象を残しています。

このレースは、出走全14頭のうち、8頭がGI馬という豪華な顔ぶれで。1番人気は岡部幸雄騎手のビワハヤヒデ。2番人気は河内洋騎手のレガシーワールド。3番人気は柴田政人騎手のウイニングチケット。田原成貴騎手が手綱をとるトウカイテイオーは4番人気、僕とベガは6番人気だったと記憶しています。

道中、トウカイテイオーの位置取りは、僕の前、中団の10番手あたり。もちろん、注意はしていましたが、トウカイテイオーにとっては、ほぼ1年ぶりのレースです。まさか、直線、あそこまで鮮やかに、力強く抜け出すとは、考えてもいませんでした。

トウカイテイオーと同じ舞台でしのぎを削ったのは全部で7レースです。悔しさを味わったことのほうが多いのですが、ひとつだけ、最初から、「ライバルはトウカイテイオー！」と思い定め、見事に完封したのが、92年「天皇賞・春」のレースでした。

このレースで僕がコンビを組んだのは、前年の優勝馬で、最高の友であったメジロマックイーンです。

前年の覇者、マックイーン対7戦無敗のトウカイテイオー。マスコミやファンをも巻き込んだ2頭の対決は、早くから異様な盛り上がりを見せました。

レース前、

「地の果てまで走れそう」

という岡部騎手のコメントに対して、僕も敢えて、

「あっちが地の果てなら、こっちは天の果てまで昇りますよ」

と応酬。対決ムードに拍車をかけたことを思い出します。

でも、誰よりもこのレースを楽しみにしていたのは、この僕自身だと思います。

ダービーを勝った後、骨折のためレースを離れていたトウカイテイオーが再び戦列に復帰したのは前走の「大阪杯」から。一発の鞭も入れずに、後続を突き放

した走りは、僕がはじめて日本ダービーを生で観戦し、その強さ、かっこよさに憧れたシンボリルドルフにそっくり。鞍上の岡部さんとのコンビといい、まるでデジャヴを見ているようでした。そのトウカイテイオーとの対決ですから、騎手としてこれ以上の愉しみはないし、興奮しないはずがありません。

当日、1番人気に推されたのは、単勝1・5倍のトウカイテイオー。

続く2番人気が、メジロマックイーンで、2・2倍。

3番人気のイブキマイカグラが、18・2倍ですから、いかに2頭が抜きん出ていたのか、わかっていただけると思います。

「ちょっと早いかな」

つぶやきながら先頭に立ったのは3コーナーを過ぎたあたりです。

後ろを振り返り、トウカイテイオーの位置を確認していました。

「いつ、来るんだ!?」

「まだ、来るなよ！」

来るのはわかっていても、鼓動の高鳴りを止めることはできません。

「そろそろか……」

「もう、来るはずだ」

予感が確信に変わります。

「来たーッ！」

思わずそう叫んでいたのは、4コーナーを周り、最後の直線にさしかかったときでした。

結果は、そこからさらに伸びたメジロマックイーンが優勝。力尽きたように馬群に沈んだトウカイテイオーは5着。ゴールの瞬間まで、競り合う2頭の対決を想像していたファンの方は、少しがっかりしたかもしれませんが、僕にとってはドキドキとわくわくに満ち溢れた、夢のような一瞬でした。

さらば、トウカイテイオー。

名馬との出逢いと別れ——人生はその繰り返しです。

先入観を捨て、新しいことに挑戦する

先入観——。
辞書で調べると、
『前もってつくられた固定観念。それによって自由な思考が妨げられる場合にいう』
とあります。
あの人は、この仕事には向かないだろう。
告白してもフラれるに違いない。
たぶん。きっと。おそらく……。

競馬にかぎらず、この先入観を持って何かを決断するのは、仕事でも、人間関係でも、恋愛においても、ミスをする元になります。

しかし、わかっていても、ついつい、先入観を持って見てしまうのが、これもまた、人間というものです。

僕自身、初騎乗であれ、デビューから跨ってきた馬であれ、コンビを組むパートナーに対しては、常に新しい可能性を探っていますが、それでも、先入観に惑わされずうまくいったことと、逆に先入観で目が曇ってしまうことが相半ばといったところでしょうか。


ついつい先入観にとらわれてしまった馬の中に、トウケイヘイローがいました。

僕が彼とはじめて出逢ったのは、2011年9月7日の「カンナS」（芝1200メートル）。デビュー3戦目のレースでした。

結果は７番人気の３着。気性が激しく、道中は掛かりっぱなし。それでも、最後の直線、最後方から繰り出したくれた伸び脚は、僕の中に、

「なかなか、いい末脚を使う馬だなあ」

という印象を残しました。

縁あって、再び、コンビを組むことになったのは、13年の６月１日。阪神競馬場を舞台に行われたGⅢ「鳴尾記念」（芝２０００㍍）です。

この間、戦法は、中団待機、先行抜け出しから、逃げへと転換。掛かる癖は相変わらずでしたが、GⅢ「ダービー卿チャレンジT」（芝１６００㍍）を勝つなど成長を感じさせる走りをしていました。

でも、しかしです。

陣営がこれまで選択してきたのは、１４００～１６００メートルのレースです。血統からみても、僕もそれが最適だったと思います。それが、いきなり４００㍍も延びるのは、どうなんだろう。

先入観が先に立ち、僕の中にも戸惑いというか、厳しいレースになるだろうなという思いがありました。

ところが――。

肉体的にも精神的にも、ピタリと成長時期と重なったのでしょう。楽な手応えで、「鳴尾記念」を逃げ切ると、続くGⅢ「函館記念」（芝2000メートル）、GⅡ「札幌記念」（芝2000メートル）と重賞3連勝で、サマー2000シリーズ王者に輝いたのです。

先入観を持って彼に跨ったのは、完全に僕の誤り。トウケイヘイローには、一度、心から謝らなければいけません。

その逆に、先入観を捨て、新しいものにチャレンジしたことによって栄冠を手にしたのが、マイルCSで僕にJRA、地方、海外を合わせた区切りのGⅠ100勝をプレゼントしてくれた、ディープの仔トーセンラーです。

距離短縮でＧＩを勝利したトーセンラー

グイッと首を前に突き出すようなアクション。

全身を使った力強い走り。

そして、勝負どころでみせる底力……。

最もディープに似ているトーセンラーで勝てたことがなによりも嬉しくて、その日の夜は、美味しいお酒を愉しませていただきました。

レース前、初挑戦だったマイルという距離に対して、心配や不安を覚えた方がいたようですが、僕自身は、〝なんとかなるだろう〟と思っていました。

菊花賞が3着。春の天皇賞で2着。長い距離でも実績を残していますが、典型的なステイヤーの走りではありません。

体の使い方はマイルでも十二分に通用するはずだ——。

それが、僕と藤原英昭先生の一致した見方でした。

——結果論!?

そうではありません。

一度も走ったことはありませんが、メジロマックイーンやディープだったら、マイルのレースでも十分に通用したはずだと、信じているのと同じ理由です。

未経験をマイナス材料と捉《とら》える人が多いようですが、それはちょっと違うと思います。

未経験とは未知の力——プラスにもマイナスにもなる力のことです。

レースに備え、藤原厩舎のみなさんが、マイルに対応できるように、細心の注意を払いながら仕様を変えてくれたのも大きかったですね。

さすがに、スタート直後は、置いていかれそうになりましたが、リズムに乗ってからはすべてがプラスに働きました。

そして、なによりも凄かったのは今まで見たことがなかったトーセンラーの末脚です。パワー、斬れ味、爆発力は、お父さんのディープそっくりでした。

今まで隠していたのか。

これまで僕が出してあげられなかったのか。

それとも新たに開花したものなのか……。

答えは彼にしかわかりませんが、新しい武器を、それも、とっておきの武器を身に付けたトーセンラーは、頼もしすぎるパートナーとなりました。

100個目のGIタイトル……中央(68勝)だけではなく、地方(25勝)、海外(7勝)といろんな場所で、いろんな人の助けを借りて達成できた区切りの記録は僕の誇りであり、あらためてみなさんに感謝いたします。

大切なのは、先入観を捨てて、常に、新しい何かを見つけ出すことです。

根拠のある自信は心に余裕を与えるもの

——本気で追ったら、いったいどこまで伸びるんだろう。

ほぼ一年中……多いときには1000に近いレースに跨っていますが、そんなふうに、騎手の心をわくわくさせてくれる馬はなかなかいません。

『持ったままで快勝！』

スポーツ新聞や競馬専門誌にそんな見出しが踊るのは、デビュー戦か、2戦目くらいまで。ステージが上がり相手が強くなると、最後の最後まで必死に馬を追い、それでも、ハナ差やクビ差ということがほとんど。直線半ばあたりで勝利を確信し、ムチを使わずに勝った……という経験は、名馬と呼ばれる馬の中でも数えられるほどしかありません。

そんな競馬の常識を覆したのが、デビューから6戦無敗で、〝最強の牝馬決定戦〟「エリザベス女王杯」を制したファインモーションでした。

父はオーストラリアやフランスでリーディングサイヤーとなった万能型の種牡馬、デインヒル。母の父はイギリスのエプソムダービー、アイルランドのアイリッシュダービーを制したトロイ。兄のピルサドスキーは、ブリダーズカップ・ターフや1997年の「ジャパンカップ」の勝ち馬で、受け継いだ血はまぎれもなく超一流でした。


デビュー戦は、01年12月1日、阪神競馬場で行われた2歳新馬のレース。抜群のスタートから最後まで手綱は持ったままで、余裕の逃げ切り勝ちを飾ったファインモーションに対して、

「どんな競馬でもできそうな素晴らしい馬」

というのが、僕が最初に抱いた感想でした。

彼女を管理する伊藤雄二先生が、フランスのオークスへ出走させようというプランを持っていた……というのも、なるほどと、うなずける話です。

しかしその後、骨折というアクシデントもあり3歳春は全休。夏に復帰した彼女は、松永幹夫騎手（現＝調教師）をパートナーに、古馬や牡馬を相手に函館の500万下を5馬身差で勝利。続く札幌の「阿寒湖特別」（芝2600メートル）でも再び古馬、牡馬を相手に5馬身差で優勝。休み明け3戦目となったGⅡ「ローズS」（芝2000メートル）でも後続に3馬身差をつけ、秋のGⅠ戦線におけるトップコンデンターとして勇躍、名乗りを上げたのです。

僕が彼女と再びコンビを組むことになったのは、3歳牝馬、最後の一冠、「秋華賞」（芝2000メートル）のときでした。

前日売りの単勝オッズは、1・0倍（最終的には1・1倍になりましたが）。

負けられないという気持ちと同時に、

「どこまで強くなったんだろう!?」

という期待で、本番が待ちきれなかったことを思い出します。

ライバルは、「桜花賞」3着のシャイニングルビー。「関東オークス」を制したサクラヴィクトリア。「オークス」2着のチャペルコンサート、「紫苑S」を勝ったオースミコスモ……。

競馬に100%がないのはわかった上で、それでも、思い浮かぶのはファインモーションが勝つ姿だけでした。

スタートで出遅れても、こうすれば勝てる。

道中、内に包まれても、こうして、こうすれば、抜け出せるはずや。

最後の最後、2頭の競り合いになったら負けるはずがない。

根拠のない自信は過信に繋がりますが、根拠のある自信は、心に余裕を与えてくれます。

結果は、ムチを一発も入れていないにもかかわらず、僕の想像を超えるスピードで加速し、レコードタイムで優勝。古馬牝馬の一線級が待つ、「エリザベス女王杯」へと駒を進めたのです。

――今回は、全力で追ってほしい。

はじめて伝えられた伊藤雄二先生の指示に、一瞬、背筋がゾクリとしたのを覚えています。

しかも、その「エリザベス女王杯」では、彼女自身がさらに強くなっていたのですから、これはもう、〝怪物〟か〝悪魔〟です。乗っていてこんなに楽で、気持ちのいい馬は、彼女しか知りません。

ほんまもんのお嬢様で、厩舎スタッフからも、〝お嬢〟と呼ばれていたファインモーション。受胎するのは医学的に難しいとの理由で、仔を残すことは出来ませんでしたが、彼女の魅力は今も色褪《いろあ》せることなく、ファンの心のなかで生き続けていると信じています。

世界の一流との会話が心の栄養になる

世界は広い。

そして、世界には、強い馬と、上手いジョッキーたちがいる——。

騎手として、どんなレースでも優勝を目指して力を尽くすのは言うまでもないことですが、海外に出ると周りの雰囲気もガラリと変わり、そのつど、

——ようし、オレも、もっと頑張らなきゃ。

とか、

——まだまだ、上手くなれる。

とか、騎手として大切なものを思い出させてくれる、僕にとっては最高の舞台

であり、最高の環境です。

毎年暮れ、シャティン競馬場を舞台に、香港ジョッキークラブ主催で行われる香港国際レースもそのひとつ。

イギリスのロイヤルアスコット、フランスの凱旋門賞、アメリカのブリダーズカップ、ドバイのドバイワールドカップと並び、世界を代表するレースのひとつに数えられまで大きくなったこのレースには、毎年、世界中から、馬も、騎手も集まってきます。

「ほんと、ユタカは、世界中どこの競馬場に行ってもいるな」

「それはこっちのセリフだよ」

「調子はどう？」

「馬？　それともオレのこと⁉」

「どっちもだよ」

世界の一流ジョッキーたちと交わす、なにげない会話のひとつひとつが、心の栄養になっています。

香港国際競走の当日、開催されるGⅠレースは全部で4つ。

芝2000㍍の「香港カップ」。芝2400㍍の「香港ヴァーズ」。芝1600㍍で争われる「香港マイル」。そして、短距離戦、芝1200㍍の「香港スプリント」。

レースは世界中に配信され、世界中のホースマンはもちろん、10億人を超える競馬ファンが注目する一日になります。

メインレースとして行われるのは、「香港カップ」。

僕がこのレースに参戦したのはこれまでに3度あります。

最初は、93年のナリタチカラ（7着）。

2度目は97年のサイレンススズカ（5着）。

そして3度目が06年のアドマイヤムーンでした。

なかでも06年は、ダンスインザムードが「香港マイル」に。アドマイヤメインが「香港ヴァーズ」に参戦。どの馬も、力がある馬で、

「3つ全部、勝つのは難しいけど、ひとつは勝ちたい」

意気揚々と、弾むような気持ちでシャティン競馬場に入った記憶があります。

でも、しかし。やっぱり、競馬は難しい。

「香港マイル」に出走したダンスインザムードは、最後の直線を迎えるまでは、理想的な競馬をしていたのに、〝さあ、勝負！〟というところで急ブレーキ。12着に終わってしまいました。

負の連鎖は続きます。

続く、「香港ヴァーズ」に挑んだアドマイヤメインも、理想的な逃げの展開に持ち込んだはずなのに最後の直線で謎の失速。8着に敗れ、海外遠征の難しさを痛感させられる結果に終わってしまいました。

そんな中、一頭、気を吐いたのが3歳で挑戦したアドマイヤムーンです。

「凱旋門賞」2着の牝馬プライドを相手に、火の出るような激しいデッドヒートを展開。ゴールした瞬間は、ほぼ馬体は並び、プライドの手綱を取っていたC・ルメールに、

「一瞬、負けたんじゃないかと思った」

と言わせるほどのレースを見せてくれました。

過去、日本馬がこのレースを制したのは三度です。

95年は同期のマサヨシ（蛯名正義）とフジヤマケンザン。

98年には敬愛する先輩、河内洋さんとミッドナイトベット。

01年には競馬学校の4期後輩、四位洋文が、アグネスデジタルで大きな勲章を手に入れています。

「香港スプリント」では、岩田康誠騎手とロードカナロアが、12年、13年と連覇。「日本馬、ここに在り！」というのを見せつけてくれました。

「香港マイル」を勝ったのは、01年の福永祐一騎手とエイシンプレストン。05年

のＯ・ペリエとハットトリック。そして、「香港ヴァーズ」は、01年にステイゴールが僕に大きな勲章をプレゼントしてくれました。

――日本にも、複数のＧⅠレースを一日に行う、スペシャル競馬デーを作って欲しい。

アチコチでそんな声を耳にします。

競馬のシステムが確立している日本では、ＧⅠの日程を簡単に変更できないことは百も承知です。でも、「難しい」の一言で片付けるのではなく、どんなに障害が大きくても、まずファンが望むことを考えてみる――それが本当の意味でのファンサービスに繋がると思うのは……僕だけでしょうか。

特別対談

――武豊×安藤勝己「トップジョッキー対談」

キズナが優勝した2013年の第80回「日本ダービー」。すべてのホースマンの夢であり目標である大レースを控えた5月中旬。京都市内のホテルの一室に二人の天才騎手をお招きした。

一人は本書の著者であり、キズナの主戦・武豊。そして、もう一人は笠松競馬場からJRAへ移籍し、GIを通算22勝した伝説の騎手・安藤勝己。二人が、間近に控えたダービーについて、そして過去の名馬について忌憚《きたん》なく語り尽くした。

＊　＊

——すべてのホースマンが憧れ、目標にしている日本最高峰のレース、ダービーが、近づいて来ました。

武豊（以下＝武）　暦の上では大晦日が一年の節目ですが、ホースマンにとってはダービーが一年の締めくくり。しかも、今回は第80回の記念競走ですからね。

安藤勝己（以下＝安藤）　今ならその感覚はわかるけど、僕ら地方出身の騎手にとってはGIすべてが雲の上のレースで。ダービーだけ特別っていう感じはなかったんだよね。

武　安藤さんがはじめてダービーに出たときのこと、僕、覚えてますよ。

安藤　たしか、中央の試験を受けて、滑った年だよね（笑）。藤沢（和雄）先生のところの馬で……。

武　サスガ（編注・そういう名前の馬）ですよね。

安藤　そうそう。人気薄の馬だったんで、気楽に乗れたんだよね。ユタカちゃん、よく、覚えてるね？

武　本馬場入場のとき、馬の名前を紹介して、それから騎手の名前を言うんだけど、あのときは、〝さすが安藤勝己〟って紹介して。それが今でも耳に残っているんです。

安藤　なんだ、それ!?

武　とても初ダービーって感じじゃなかったですよね。レースが終わった途端、すぐに荷物をまとめて――。

安藤　すぐ帰るほうだからね。あとで知り合いに、何が勝ったのって聞かれて、さあ、なんだろうって（笑）。

武　嘘みたいだけど、ホントなんですよね、これが（笑）。いつも、飄々としているというか、何も気にしていないというか。

「騎手によって合うタイプと合わないタイプがいますね」(武)

安藤　で、あのときは、何が優勝したんだっけ？

武　タニノギムレットです。

安藤　あー、そうか。あのレース、ユタカちゃんが勝ったんだ（笑）。

武　いつも、こんな感じですからね。もしかしたら、自分が乗る馬の名前もわかってないいんじゃないかって思うときがありますから。

安藤　さすがにそれはない……といいたいところだけど。テン乗りで、それっきりの馬のことはよく覚えてないかな（笑）。

武　ほらね（笑）。でも、こんなこと言っておいて、2年後に、ポンとダービーを勝っちゃうんですから、ほんと、すごい騎手でしたよね。

安藤　キングカメハメハね。あれは強かったねえ。しかも、乗りやすくて、従順で。ゲートに入るのもおとなしいし、入ったら入ったでジーッとしてるしね。自分の思い通りに乗れる馬なんて、ほとんどいないのに、あの馬だけ

安藤さんの初ダービー時に勝利したのは武さんのタニノギムレットだった

は違ってた。

武　僕もデビュー2戦目のとき、1回だけ乗せてもらっているんですが、確かに乗りやすい馬でしたね。ただ、あのときは、まさかダービーを勝つとは思いませんでした。

安藤　いるんだよね、最初は大したことないなと思っていたのに、ある時期を境にグンって強くなる馬が。キンカメは、まさにそのタイプ。春先から突然強くなって、ダービーの前は敵なしって感じだったからね。ユタカちゃんが乗ったときとは、まるで違う馬だっ

"ガッツポーズする余裕もあった"04年のダービー

たと思うよ。

武　ダービーも余裕があったでしょう？　コースレコードだったし。

安藤　うん。結構、激しい競馬で、早めに動いたんだけど、あの馬なら大丈夫だろうと。ゴール前では、ガッツポーズしなきゃ悪いなあって思う余裕があったからね（笑）。

武　で、その翌年、ダービーを勝ったのが、キンカメと同じオーナー、金子（真人）さんのディープインパクトです。

安藤　見た目は大したことないんだけ

ど、馬場に出て動き出すと、グーンという感じで。動きはゆったりしてるんだけど、アクションが大きい馬だったよね。

武　確かに。見た目だけなら、もっといい馬がいっぱいいいましたから。

安藤　新馬戦を勝った後、豊ちゃんが、この馬はすげえって言ったのを覚えているんだけど、正直、オレには無理だなと。

武　騎手によって合うタイプと合わないタイプの馬がいますからね。

安藤　どんな乗り味なんだろうって興味はあったけど、オレだとレースで喧嘩しちゃうから。乗ってみないかっていわれても、絶対に、断わってたね。もっとも、誰も言ってくれなかったけど（笑）。

「ディープは無理だなあって」

「ダービーの本命はユタカちゃんの馬にしようかな」(安藤)

――安藤さんと武さんといえば、忘れられないのが、〝芦毛のヒーロー〟オグリキャップです。

安藤　最初、笠松に来たときは、まだ子供でね。

武　ホントですか?

安藤　体重も450キロなかったし、毛もボサボサで。走るとき、頭が低いから、みんな調教に乗るのも怖い怖いって言ってて。デビュー前のオグリを見たら、みんな、これがオグリ?　って、言ったと思うよ。

武　その馬が、国民的ヒーローになるんだから、わからないですよね。

安藤　走るたびに強くなっていって。中央に移籍して、さらにまた強くなっ

「オグリの有馬記念は奇跡でしたね」

て。途中、調子を落としたけど、最後……有馬記念で、ユタカちゃんが乗って勝ってくれたときは、見ていて、涙が出たのを覚えてるよ。

武　乗っていた僕が言うのも変ですけど、あれは、奇跡でしたね。あそこまでの運を持った馬はちょっといない。

安藤　笠松でも引退式をやったんだけど、競馬場に入りきらないほどのファンが詰めかけて。中央でのクラシック登録をしていなかったから、ダービーに出られなかったのは残念だったけど、あんな馬と巡り会えたのは、騎手としては誇りだよね。

武　本当にそう思います。

安藤　オグリ、キンカメ、ディープの域にはまだ達していないと思うけど、今年（編注・対談時はまだ3歳の5月）、ダービーでユタカちゃんが乗るキズナもかなりいい感じがする。

武　2歳のときは、かなりヤンチャだったんですけどね。彼も走るたびによくなるタイプの馬です。

安藤　皐月賞は使わなくて正解だったよね。ただ、ダービーまで中2週になる京都新聞杯を使ったのは、正直、どうなんだろうと。

武　弥生賞から中2週で使った毎日杯の雰囲気がすごく良くて。まあ、これぱっかりは、やってみないとわからないですけどね。

安藤　皐月賞を勝ったロゴタイプは距離が伸びても問題なさそうだし、頭ひとつ抜けたかなって感じだけどね。

武　2着エピファネイア、3着コディーノとの差は、ほぼないと思います。

安藤　レースのうまさっていうか、乗りやすさが、あの結果になったんだろうね。自由になる馬とそうじゃない馬との差だね。

武　やっぱり、解説者としてテレビに出ると違いますね。なんか、本物の評論家みたいです（笑）。

安藤　現役時代なんかより一生懸命、競馬新聞を見てるからね。

武　もしかすると、騎手だったときより、今のほうが競馬に詳しいんじゃないですか（笑）。

安藤　間違いなくそうだと思う。覚えなきゃいけないことがいっぱいあるし、パドックを見てどうですかって聞かれるし……。

安藤勝己　1960年3月28日生まれ。76年、笠松競馬場所属の騎手としてデビュー。03年にJRA移籍を果たすと、同年3月の高松宮記念をビリーヴで勝利しGⅠ初制覇。04年にはキングカメハメハでダービーを勝利している。13年1月末に騎手を引退した。

対談の直後、キズナは見事にダービーを制覇した

——解説者、安藤勝己から見て今回のダービーはどうでしょうか。

安藤　オレはね、キズナを本命にしようと思ってる（笑）。

武　本当ですか？

安藤　うん。いざ馬券が買うとなると難しいんだけど、ダービーで、本格デビューしてもいいかなと（笑）。

武　馬券はともかくとして（笑）。ダービーは一年に一度の特別なレース。解説者、安藤勝己さんに褒《ほ》めていただけるような騎乗をしたいと思います。期待していてください。

※本対談は週刊大衆2013年6月3日号に掲載されたものです

「勝つ」ための思考法　──後編

今も心が痛む「サイレンススズカとの絆」

「今まで乗った中で、一番速いのはどの馬ですか？」

よく聞かれる質問です。

過去の馬を比べるのはあまり意味がありません。走破タイムでその馬の強さが測れるならレースをする意味すらなくなってしまいます。

「オグリキャップとディープインパクト、どっちが強かったですか？」

馬の名前はその人によって違いますが、この質問もよくあります。

僕らがやっている競馬は、現実の世界。ゲームの世界ではありません。百歩譲って、2頭のマッチレースが実現したとしても、僕が2頭に乗ることはできませんから、答えのないクイズを解くようなものです。

「思い出に残っている馬を3頭、挙げてください」

これも、よく聞かれます。

デビュー戦のパートナー、アグネスディクター。初めて勝利を挙げたダイナビショップ。重賞で勝つことの喜びと重さを味あわせてくれたトウカイローマン。GIを勝てる馬とはどういう馬なのかを教えてくれたスーパークリーク……数えはじめたら、キリがありません。

2014年。「中京競馬場開設60周年記念・思い出のベストホースレース大賞」で、ファン投票1位に輝いたサイレンススズカ。彼もまた、僕にとっては、忘れることのできない名馬です。

――テンよし、中よし、終《し》まいよし。

スタートからスピードの違いで先頭を走り、道中はしっかりと折り合って、力を温存しながら先頭をキープ。それでいて最後の末脚は追い込み馬よりも切れる。競馬に絶対はありませんが、それでもなお絶対を追い求めるとすれば、サイレンススズカのような馬に行き着くはずです。

はじめて彼のスピードを体感した97年の「香港国際カップ」。2戦目の「バレンタインS」。3戦目のGⅡ「中山記念」。4戦目のGⅢ「小倉大賞典」……最初は、〝走りたくて、走りたくてしょうがない〟という感じで、ゲートが開くと同時にガンガン飛ばすだけでしたが、レースを重ねるごとに気性面も成長。だれよりも僕自身が、彼とコンビを組めるのが楽しみで。ともにターフを駆けるのが嬉しく仕方ありませんでした。

「今度は、いつだろう？」

「次のレースまであと何日か……」

わくわくしていた自分を思い出します。

なかでも、鮮烈な記憶として残っているのが、98年、中京競馬場で行われた

「金鯱賞」でした。あのレースは、今、思い出しても全身が震えるほど衝撃の走りでした。

2着につけた差は、1・8秒。

0・1秒違えば1馬身違うといわれていますから、信じられないほどの大差勝ちです。

「今日のような競馬ができたら、もう世界中のどんな馬を相手にしても負けません」

レース後、みなさんの前で宣言した言葉は、100%の本音でした。

秋初戦となった「毎日王冠」では、無敗の快進撃を続けていたエルコンドルパサーとグラスワンダーを完封。エルコンドルパサーに騎乗していた同期のマサヨシ（蛯名正義）に、

「影さえも踏めなかった」

とにかく強かったサイレンススズカの金鯱賞

と悔しがらせた走りは、〝怪物〟を通り越し、サラブレッドとしては、〝究極〟の強さだったと思います。

エルコンドルパサーは、この年に行われた「ジャパンカップ」で優勝。翌年は「凱旋門賞」で2着に入るという快挙を成し遂げます。競馬に、〝もしも〟がないのはわかっていても、それでも、つい、もしも……と考えてしまうほど、サイレンススズカの走りは強烈でした。

それだけに、続く、「天皇賞・秋」で起こった悲劇は、それからしばらく、僕が見る景色からすべての色を奪い、闇と隣り合わせになるほど、深く哀しいものでした。

「もし、あのとき、何事もなく府中の4コーナーを回っていたら、どうなっていたんだろう」

――16年以上経った今でも、ふとそんなことを思ったりします。

左前脚の手根骨粉砕骨折――。

普通なら、ジョッキーが大ケガを負うほど、激しく転倒していたはずなのに、それでも彼は最後まで踏ん張っていてくれました。

僕が大ケガをしないように、痛みを必死に堪え、体を支えていたサイレンススズカ……。

あの姿を思い出すたびに、馬と騎手の信頼関係、築き上げてきた絆の強さを感じずにはいられません。

今はまだ彼のことを思い出すと、心の傷口が疼《うず》きます。

でも、いつか……そう、いつか、懐かしさとともに、彼のことを笑って話せる日が来たら、そのときはみんなで、サイレンススズカの速さを、凄さを、心ゆくまで語り合いましょう。

最高のパートナー・ディープインパクトとの別れ

人は出逢いの数だけ別れがある——。

卒園式、卒業式、転勤や退社、好きな人との別離……思い出がたくさんあればあるほど、別れはつらくなります。

感情の赴くままに泣いたり、すがったり……溢れ出る哀しみを抑えられなくなります。

しかし、いざというときに、じたばたしたり、取り乱すのは、あまり、かっこのいいものではありません。

できれば、笑って別れたい——。

こう思っているのは僕だけでしょうか。


父サンデーサイレンス。

母ウインドインハーヘア。

サラブレッド名、ディープインパクト——。

彼とともに紡《つむ》いだ数々の物語は、今も僕の大事な宝物です。

2着に4馬身差をつけたデビュー戦。

「すごいことになるから見ていてください」

そう言い残して臨んだ2戦目の「若駒ステークス」。最後方からレースを進めて、4コーナーでついていた10馬身差を問題にせず、直線で一気に突き抜け、最後は5馬身差で圧勝したレースは、伝説への序章でした。

単勝支持率71・5パーセントの「弥生賞」。無敗のまま達成した三冠クラシック、「皐月賞」「日本ダービー」「菊花賞」……。どれをとっても、彼の話だけで朝まで美味しいお酒を飲むことができます。

今日はその中から、ラスト・ストーリーとなった有馬記念の話をしましょう。

2006年12月24日――。
いつもなら、レース展開を予想したり、ペースを気にしたり……ほかにも、あれこれと考えるのですが、この日は、真っ白な状態のまま、レース当日を迎えました。

――ディープらしい競馬をしよう。

頭の中は、ただ、それだけ。競馬に絶対はないということは、もう、痛いほどよくわかったうえで、それでも、ディープらしい競馬ができれば絶対に負けないという自信の裏返しでもありました。

2年連続のファン投票第1位。

単勝支持率70％超。

前売り入場券も即完売。

最後の勇姿をその目に焼き付けておきたいと、当日、競馬場に足を運んでくれた、たくさんのファンの声が、僕の背中を強く後押ししてくれたような気がします。

レースは後方3番手で待機。

息遣いも、背中の感触も、いつものディープです。

「中山は直線が短いから、さすがのディープでもキツイのでは!?」

穴党の方たちからのそんな悪魔の囁きも、この日にかぎっては、まるで気になりません。

ロケットエンジンのスイッチをどこでオンにするか——ディープと呼吸を合わせるようにして、その気配を感じ取ることだけに集中していました。

さあそして、ついに、その瞬間がやってきました。

合図は一発のムチだけ。

いつものように外に持ち出すと、いつもの飛ぶような走りで……いや、いつも以上に疾《はや》く、まるで宙を飛ぶように、ゴール板を駆け抜けていました。

満員のスタンドから降り注ぐ〝ディープ・コール〟。

「ありがとう」と叫ぶ20代、30代のファン。

頬を伝う涙を拭いもせずにコブシを振り上げているオジサンたち……。

今も、あのすべてを思い出すことができます。

――ディープに乗れるのは、これで最後なんや……。

彼の背中でつぶやいたその一言とともに。

場内に残ってくださった5万人のファンに見守られて行われた引退式では、

「ありがとう！」

「お疲れ様!!」

たくさんの声をかけていただき、ディープもどこか満足そうな顔をしていました。

ＧⅠ7勝。

シンボリルドルフ以来、史上2頭目となる無敗の三冠馬。

2年連続の年度代表馬。

そして、凱旋門賞での悔しさ……。

ディープインパクトは、僕をさらに成長させてくれた名馬中の名馬でした。

ありがとう、ディープ。

最後に、笑ってかけた言葉は、いまでも覚えています。

おまえと出逢えて……本当に幸せだった——。

無事是名馬、というのも大切なこと

一昨年、ターフに別れを告げたオルフェーヴル、ロードカナロアに続き、昨年も、自らの走りで栄光を勝ち取った強い馬たちが、たくさんのファンに惜しまれながら現役生活に別れを告げました。

父ディープインパクトにそっくりで、一昨年の「マイルCS」を制したトーセンラー。日本馬で初めて、「ワールドベストホースランキング」1位に輝いたジャスタウェイ……。

トーセンラー以外は、すべてライバルとしてしのぎを削ってきた馬たちです。

彼らがターフを去ることは、これで僕にも勝てるチャンスが増えたということですから、こんなに嬉しいことはありません。
でも、しかし。あの走りを間近で見られなくなるかと思うと、どこか一抹の寂しさも感じます。

競馬には不思議なめぐり合わせがいくつもあります。
今年、ディープの仔キズナで、「ダービー」を勝ち、「凱旋門賞」に挑戦できたのもそのひとつ。将来、もしかすると、ずっと敵として戦ってきたオルフェーヴルやロードカナロアやジャスタウェイの仔に僕が跨って、世界に雄飛するチャンスが訪れるかもしれない……というのも十分にあり得る話です。そうやって考えると、やっぱり、競馬ほど面白いものはありません。

２００２年——。
「東京大賞典」を含むダートＧＩを４つ制覇し、ＪＲＡ賞最優秀ダートホースとＮＡＲグランプリ特別表彰馬となったサラブレッド、ゴールドアリュールとも不思議な縁で結ばれています。

父サンデーサイレンス

母ニキーヤ

気難しいと言われるサンデーサイレンス産駒の中では、とっても素直で乗りやすく、優等生タイプの馬でした。

03年に喘鳴症を発症し、引退を余儀なくされましたが、「ジャパン・ダート・ダービー」「ダービーGP」「東京大賞典」「フェブラリーS」と4つのGIタイトルを獲得。ドバイへの挑戦は、イラク戦争の影響により断念することになりましたが、彼が日本の競馬史に残した実績は尊敬に値するものでした。

04年に社台スタリオンステーションで種牡馬入り。05年度にはエスポワールシチーとスマートファルコンという砂の怪物を2頭も誕生させたのは、もう奇跡としか言いようがありません。

佐藤哲三元騎手が主戦ジョッキーを務めていたエスポワールシチーとは長い

間、ライバルとして。もう一頭のスマートファルコンとは、彼が最高に輝いていた時期にパートナーを務めさせていただいたというのもまた、不思議なめぐり合わせです。

父ゴールドアリュールとはまるで正反対、気難しく、でも、父を超えるほどの強さと速さを持っていたスマートファルコンは、僕にとってはいつでも、頼もしい相棒でした。

はじめてコンビを組んだ２０１０年９月に行われた「日本テレビ盃」こそ、３着に終わりましたが、そこから重賞９連勝（内ＧⅠが６つ）を達成。その中には、２着のエスポワールシチーに９馬身差をつけて圧勝した「帝王賞」や、10年、11年の「東京大賞典」連覇もありました。

「有馬記念」がその年を締め括る最後の大一番なら、「東京大賞典」は、文字通り年納めの競馬。勝って終えるのと、負けたまま年を越すのでは、気持ち的に大きく違います。

そして――。これもまためぐり合わせの面白さですが、スマートファルコン引退後、11年の「東京大賞典」で彼にハナ差まで詰め寄った最大のライバル、佐藤正雄厩舎のワンダーアキュートとコンビを組むことになったのです。

これまで彼が手に入れた大きな勲章は2つ。一つ目は、和田竜二騎手とのコンビで手に入れた11年11月の「JBCクラシック」。もうひとつは、僕とのコンビで優勝した14年6月の「帝王賞」です。

「えっ、それだけ？」

そんな声を挙げる人がいるかもしれませんが、驚くべくは彼の連対率です。

これまで42戦して1着が12回、2着が10回、3着が6回（15年2月19日現在）。ライバルの顔ぶれに関係なく、どんなレースでも堅実に走り、結果を残してきたその凄さは、数字では表せないものがあります。

「樂しみを覺える割合ひに較べれば、心配や憂鬱を味はふ時の方が多い。馬を持ってゐることの樂しみが二、三割だとすれば、心配や憂鬱の率は、まづ七、八割にも及ぶであらう。それも、大部分は馬の故障から来るのだ」

これは、作家の菊池寛氏が、「優駿」に寄せた随筆です。そして氏はこう続けています。

「馬主にとつては、少しぐらゐ素質の秀でてゐるということよりも、常に無事であつてくれることが望ましい。『無事之名馬』の所以である」

ステイゴールドの50戦には及びませんが、怪我なく堅実に走り続け、成績を残しているワンダーアキュートもまた名馬の一頭です。

目先の勝負や仕事はもちろん大切ですが、最後に笑うのは、大きな怪我や病気をしない人……そこは、人も馬も同じですね。

はじめて師匠に怒られた日

物心がついたときにはもう、馬がいつもそばにいて、中学を卒業すると同時に競馬学校に入学。卒業後はずっと騎手をやっていますから、どこを切り取っても僕の人生には馬の絵が描かれています。

だからでしょうか、干支が午年《うまどし》の年は、何かいいことがありそうな気がしてしまいます。もっとも、午年は僕だけではなく、ほかの騎手にもみんな平等に訪れるのですが（笑）。

騎手になってはじめて迎えた午年は、デビュー4年目の1990年です。

この年は、スーパークリークで「春の天皇賞」を、オグリキャップとのコンビで「安田記念」を、親父・武邦彦厩舎のバンブーメモリーで「スプリンターズS」を、そして今思い出しても心が震えるオグリのラストラン「有馬記念」があった年でした。

当時の僕は、武田作十郎厩舎の所属騎手。先生が好きだったワインのコルク抜きと靴磨きが毎日の仕事でした。

若いころの先生は、とても厳しい方だったようで。

怒鳴り声が隣の厩舎にまで聞こえたとか、本当に怒ったときは、ムチを持って追いかけまわしたとか……アンカツさんもビックリの武勇伝の持ち主だったようです。

もっとも、僕がお世話になっていたころは、ものすごくやさしいおじいちゃんという感じで。細かいことを言われた記憶がありません。

馬の乗り方に関しても、

「わからないことがあったら河内に聞け」

というのが口ぐせで。

絶対に手を抜かない、自分のことを大きくアピールすることもしない、ただやるべきことを淡々とやりぬく——騎乗技術から人間性まで、誰もが認めるジョッキー、河内洋さんを兄弟子に持てたことは僕にとっては最高の幸せでした。

武田先生と河内さん——今の武豊があるのはこのふたりのおかげです。

その先生に、一度だけ怒られたことがあります。

あれは……デビューひと月後くらいのころだったでしょうか。

阪神競馬場で行われたダート1800メートルのレース。スタートから競り合った僕は、馬がオーバーペースで走っていることに気づいていませんでした。

逃げると決めたからには、なにがなんでも逃げる。

先頭は絶対に譲らない——。

柔軟に対応することのできない、視野の狭い騎手でした。

馬にかけなくてもいい負担をかける。これはもう、勝負以前の問題です。

「こんな乗り方じゃ、誰もお前を乗せてくれないぞ」

顔を真っ赤にして、コブシを震わせた先生を見たのは、後にも先にもこの一回だけでした。

「技術だけがうまくなっても、いい馬乗りにはなれない。みんなから信頼される騎手。だれからも愛される騎手になりなさい」

ＧⅠ１００勝をはじめ、これまでさまざまな記録を達成させていただいていますが、このひとつひとつが、いい馬に乗せてもらっている、馬に勝たせてもらっているからだと思えるのは、武田先生から口を酸っぱくして言われ続けたおかげです。

02年の午年は、タニノギムレットをパートナーに、「日本ダービー」で3度目のV！　ビリーヴとともに、「スプリンターズS」を制し、ファインモーションと一緒に、「秋華賞」「エリザベス女王杯」を連勝。2月に落馬による骨盤骨折という大怪我を負い、1カ月半も退屈な日々を過ごしたことを差し引いても、いい年だったような気がします。

さあ、そして3度目の午年、昨年は……まったく満足していません。

「まだまだ、こんなものじゃない」

誰よりも、僕自身が一番そう思っています。

僕の中にいる武豊は、もっと高いところを目指しています。

一時期、「今年も200勝したい」とか、数字を目標に掲げたことがありましたが、ここ数年は、あえて数字を目標にすることはしていません。

「ダービーを勝ちたい」

「凱旋門賞で優勝したい」

「海外でも乗りたい」

「ひとつでも多くの勝ち星を挙げたい」

まだあります。

「もっと、うまい騎手になれるはずだ」

「もっと、信頼される騎手にならなくては」

――もっと、もっと、もっと。

この気持ちがあるかぎり、僕はいまだ成長途上。

ファンの方にとっては、今以上に、信頼され愛される騎手に、アンチファンの人にとってはさらに憎らしい武豊を目指しています。

夢を実現させるためには、自分で壁をぶち破れ

「騎手の人は、なぜ太らないんですか?」

最近は、女性だけではなく、男性の方からもこんな質問をされることが多くなりました。

年末年始にごちそうを食べ過ぎて。

イタリアンに凝《こ》っていて。

呑んだ後のラーメンが大好きで……。

理由はさまざまでしょうが、

——このお腹まわりからすると、プラス2キロ……いや、3キロは、もしかす

ると4キロ、イッてるかも!?

――健康診断で、今度こそメタボの判定を下されたらどうしよう。

性別や年齢に関係なく、ダイエットの悩みは尽きないようです。

でも、ちょっと待ってください。

騎手だって、食べれば食べた分だけ体重は増えます。

飲み過ぎた翌日は頭がクラクラするし、ちょっと油断していると風邪だってひきます。

騎手をやっているから太らないわけではなく、自分の体重をきちんと管理していることが、騎手としての最低条件。みなさんが、朝、目覚めると歯を磨き、顔を洗うのと同じように、まず体重計に乗るのが生活習慣のひとつになるほど、体重コントロールに気を配っているのです。

そのかいあってか、今では体重計に乗る前に、100グラム単位で、ほぼ正確に言い当てることができるという特技を身に付けてしまいました(笑)。幸い僕はそれほど減量に苦しんだことはありませんが、なかには、日夜、体重と戦い、人と話をするのも億劫《おっくう》になるほど追い詰められているという騎手もいるほどです。

昨年も、短期免許で来日していたフランスのピエールシャルル・ブドー騎手が体重調整に苦しみ、ブーツを履かずに騎乗して戒告処分を受け、途中、帰国するということもありました。

今、騎手を目指して頑張っている競馬学校の生徒たちにとっても、それは同じです。

基礎体力をつけるのは大切です。

体幹を鍛え、バランス感覚を養うことは、勝つためだけではなく、万が一、落馬事故にあったとき、自分を助けてくれます。

より高い騎乗技術を身に付けることは、勝ち星にも直結しますが、それ以前に仲間の騎手やパートナーの馬を事故に巻き込まないために、絶対に必要なことです。

競馬に関するさまざまな法規は、ひとりの人間として守るべきルールを教えてくれます。

ひとつも無駄なことはありません。

しかし、何よりも大切なのが、いかにして自分の体重をコントロールするか。

それが、学生たちの前に大きな壁として立ちふさがります。

夏は4時30分。春・秋・冬は5時30分に起床。眠い目をこすりつつ食堂に集合し、まずは検量――。

パンツ一枚の恰好で、食堂の前に貼りだされたグラフに自分の体重を書き込んでいきます。

このときに基準となるのは指定体重。

15歳に到達する月の前月までは、44・0キロ。

15歳に到達する月から15歳6カ月に到達する月の前月までは45・0キロ。
15歳6カ月に到達する月から16歳に到達する月の前月までは45・5キロ。
16歳に到達する月から16歳6カ月に到達する月の前月までは46・0キロ。
16歳6カ月に到達する月から17歳に到達する月の前月までは46・5キロ。
17歳に到達する月から17歳6カ月に到達する月の前月までは47・0キロ。
17歳6カ月に到達する月から卒業までは、47・5キロ。

誕生日によってきっちりと区分されていて、3日続けてオーバーした場合は、退学を含めた重い罰則があります。

狭き門を突破しながら、途中で辞めていく生徒のほとんどは、この体重との戦いに神経をすり減らし、情緒不安定に陥った結果、実技にも学科にも集中できなくなるという理由によるものです。

では、これを乗り越えるためにはどうしたらいいのか!?

食事制限をしたり、お風呂に長く浸かったり……やり方は人それぞれですが、結局は、自分でなんとかするしかないのです。

それがプロの厳しさです。

その先にある大きな夢を自分の手で掴むために、乗り越えなければならない壁があるなら、その壁をぶち壊してでも乗り越えていく——その心の強さが、ジョッキーになるための必要最低条件になるのです。

もちろん、正月太りで体重が気になるという程度の人には、ここまでの覚悟はいりません。無理なダイエットも、サプリメントも必要なし。みんなの目の触れるところに紙を貼り、毎日、体重を書き込んでいく——それだけで間違いなくお腹まわりの余分な肉は落ちていきます。

嘘だと思ったら、一度、武豊流のダイエットを試してみてください。半月……いや一カ月で、理想に近い体型を手に入れることができるはずです。

ただし——正直に体重を書き込むこと。

自分をごまかしていると、いつまでたっても体重は落ちませんよ。

馬に乗れる。仕事があるということに感謝の気持ちを

2014年1月26日に行われた中京競馬第10レース「西尾特別」で優勝。この勝利がJRA通算3600個目の勝ち星となりました。

レースは、ほぼ完璧に近い内容だったと思います。

騎乗したのは8番人気のメイショウフロウ。道中は中団で待機し、最後の直線で逃げ馬の外に。最後は2着に入線したダイナミックウォー（進路妨害のため3着に降着）の猛追をハナ差しのいでの勝利は、胸を張れる騎乗でした。

ただ……自分で言うのもなんですが、記録達成が遅すぎます（苦笑）。

1987年3月7日に挙げたダイナビショップでの初勝利から、翌88年4月、

マルブツロマンで達成した100勝まで1年1カ月。そのあとは、200勝が10カ月。300勝が7カ月。400勝までが9カ月。500勝が11カ月……といいペースで勝ち星を挙げ、1000勝を達成したのは、95年7月。オヤジ、武邦彦厩舎のエールノコイビトでした。

ここまで、8年4カ月です。

次の2000勝を記録したのは、02年9月。池江泰郎先生が管理していたディカバリーベイで、7年2カ月での達成でした。

そして3000個目の勝利は、07年11月、本田優厩舎のスカイビューティーとさらにスピードアップ（5年2カ月）。3年連続200勝超えという自分でも驚くハイペースで勝ち星を量産していたのもちょうどこの時期です。

ところが……。

その後、勝ち星が減少。3500勝から3600勝までの100勝には1年7カ月もかかってしまいました。

理由は……落馬による骨折です。

骨折という肉体的ダメージは時間とともに回復しますが、反比例するように、馬に乗れないという精神的なダメージが日を追うごとに大きくなっていきます。

それが一番良くない……わかってはいるのですが、やはり気持ちは焦ります。

——だったら、落馬しなければいいのでは？

たしかにその通りなのですが、防げない、防ぎようのないのがこの落馬事故で。それはある日突然、ひょっこりとやって来るのです。

僕がはじめて落馬のよる骨折を経験したのは、2001年の7月13日。フランス、ドーヴィル競馬場で行われた第1レースでした。

「ちょっと行ってくるわ」

この年、はじめてフランス遠征に来たケンイチ（池添謙一騎手）に軽く手を上げ、意気揚々とレースに臨んだところまでは良かったのですが、ゴールまで残り

100メートルの地点で、騎乗馬ペリウィンクルに故障が発生。いきなり宙に投げ出されていました。

最初は何が起こったのかまるでわかりませんでした。

下にあるはずの地面が上になり、さらに身体がグルッと一回転。その直後、いきなり激痛が襲ってきました。

「うがっ！」

言葉にならない呻きを発し、気が付くとその場にうずくまり、左手首を押さえていました。

レントゲン写真を撮った結果は、左手首、2カ所の骨折。ひとつは親指から腕に沿って縦に。もうひとつは、手首の関節に対し平行に横に折れていました。

それまで大きな怪我をしたことが一度もなかった僕にとって、「全治6週間」との診断結果は、「？？？　何のことだろう」という感じで。それが、時間が経つとともに、焦りともどかしさに変わっていきました。

「早く乗りたい」

「片手でもいいから、レースに出たい！」

心の中でそんな叫び声をあげたのは、一度や二度ではありません。

馬に乗れない騎手は、ただの人……

いや、ほかに何もできないのですから、それ以下です。

しかも、骨折した左手首以外は、元気そのものですから、一層、もどかしさが増していきます。馬に乗れないことが、これほど気持ちを荒《すさ》ませるものだとは……このとき、はじめて知りました。

ギブスが取れるまで約1カ月。

そこからさらに、10日。

復帰場所として選んだドーヴィル競馬場は、骨折する以前とは違う色に輝いていました。

「タキ、手首はもういいのか？」

「よう、久しぶり」

競馬関係者や警備のオジサンたちはタケを発音しづらいのか、僕のことをいつも「タキ」というのですが、彼らからかけられた言葉が、「おめでとう」「頑張れよ」に聞こえたのも、これがはじめてです。

ジョッキールームの扉を開けると、ペリエやスミヨンといった顔なじみの仲間がみんな集まっていて。

「ユタカのレース復帰を祝って、乾杯！」

弾《はじ》けるような笑顔で僕を迎えてくれました。

あのとき飲んだワインの味は、はじめてダービーを制した夜に飲んだワインと同じくらい美味しかったです。

GIであろうが、未勝利戦であろうが、馬に、騎手仲間に、競馬関係者に、そしてすべてのファンに、いつも感謝の気持ちを――。

あの骨折事故以来、忘れず僕が持ち続けているのが、この思いです。

利点は利点として残し、欠点は削除する

オリンピック――。日の丸を背負って闘うアスリートたちの重圧は並大抵のものではありません。

競馬には「凱旋門賞」があり、僕自身、このレースに参戦するときは、いつも心の中で日の丸が大きくはためいています。

ただ、そうは言っても、毎年行われる「凱旋門賞」に対してオリンピックは4年に一度。その一度に掛ける思い、情熱、プレッシャーは、見ていて羨《うらや》ましくなるほどです。

2014年、ロシアのソチで開かれた冬季五輪でも、ポケットに入りきらない

ほどたくさんの感動と興奮をいただきました。

日本でただ一人、金メダルリストに輝いたフィギュアスケート男子の羽生結弦選手。彼の若さと勢いは、眩《まぶ》しいほどでした。自らにプレッシャーをかけ、そのプレッシャーを気持ちよく感じながら演技しているように映りました。

スキー・ジャンプの〝レジェンド〟葛西紀明選手の活躍は、まだまだ僕の及ぶところではなく、とてもいい刺激になりました。

中日ドラゴンズの山本昌投手。サッカーのキング・カズこと三浦知良選手。テニスのクルム伊達公子選手を加えたレジェンド四天王の活躍は、すごいのひと言です。なかには僕をその一員に入れてくださる人もいるようですが、とても四天王の域には達していません。

メダル獲得はなりませんでしたが、ジャンプ女子、高梨沙羅さんのコメントはとても17歳とは思えないほど立派でした。

「自分の力不足です。今まで支えてくださった皆さんに感謝の気持ちを伝えるためにこの場所に来たので、そこでいい結果を残せなかったことはすごく残念です。また、このオリンピックという場所に戻ってこられるように、もっともっとレベルアップをしていきたいと思います」

金メダル確実と騒がれたプレッシャーは、彼女にしかわからないこと。それでもなお、試合直後、マイクに向かって自分の言葉で語れる精神力には感心するばかりです。

ソチがラスト・トライと決めて挑んだ女子モーグルの上村愛子さんのコメントにも、心を動かされました。

「点数は点数。また4番で、メダルは取れなかったけど、でも、攻めて滑りたいという思いで3本全部滑れたので今は清々しい気持ちです。オリンピックの思い出がいいもので終われる。メダルはないけど頑張ってよかったです」

同じアスリートとして、見習わなければいけません。

すべてをライブ映像で見ることは出来ませんでしたが、見事、メダルを手にした選手にも、手が届かなかった選手にも、あらためて、「お疲れ様でした」という言葉を贈りたいと思います。

競技以外で気になったのは、五輪期間中に、選手たちが過ごす選手村です。テレビでその一部が紹介されていましたが、食事もバラエティに富んでいるし、フィットネスルームも完備。娯楽センターや銀行、インターネットカフェなど、なんでも揃っていて、なかなか快適そうでした。

競馬界でいうと調整ルームに当たるのでしょうが、その充実度はちょっと……いや、かなり、相当に、思いっきり違います（笑）。

僕がジョッキーになったころの入室時間は、前日の夕方。それが、これも時代の流れなのか、現在は9時になり、京都開催の日は、ゆっくり食事をしてから家を出ても十分に間に合うようになりました。

——日本人騎手はみんな同じだろうけど、じゃあ外国人ジョッキーは？

案外、知られていないようですが、外国人ジョッキーも、日本人騎手と同じ調整ルームに入ります。廊下や娯楽室で顔を会わせれば挨拶もするし、情報交換もするし、シモネタやジョークも飛び交っています。

いざ競馬になると、それが外国人騎手、日本人騎手に関係なく厳しくあたるのは当たり前。でも、馬を降りると同じ騎手サークルの仲間です。仲がいいと言うと少し語弊《ごへい》があるかもしれませんが、いろんな話で盛り上がっています。

この調整ルームというのは日本独特のシステムです。

海外ではレースの1時間ほど前に競馬場に着いていればOKのところがほとんどで、調整ルームというのはありません。

そもそもこの調整ルームというシステムは、不正防止の観点から導入されたものですが、1時間前でOKの海外で、不正があったという話を聞いたことはありませんから、個人的には、なくてもいいんじゃないか、と思っています。

ただ、そこに10人いれば、10通りの思いがあるわけで——。

小さいお子さんがいるジョッキーの中には、子供から解放されて集中できる調整ルームは助かるという人もいるし、一時期、毎年のように日本に来ていたオリビエ（ペリエ）は、

「日本にいるときは、どうせひとりでホテル暮らしだし、サウナのある調整ルームは快適だ」

と喜んでいました。

あったほうがいいのか、なくてもいいのか。しばらく結論は出そうもありませんが、利点は利点として利用し、欠点は削除する。

調整ルームに入るのを義務化せず、入りたい人は入る権利があるというようにすれば、すべて丸く収《おさ》まると思うのですがいかがでしょう。

勝ちに行って掴み取った勝利は自信と勇気をくれる

3月にもなると、肌をさすような冷たい風もだいぶ和らぎ、馬のスピードを愉しめる季節になってきます。

あれからもう18年が経つんですね。

——あれって!?　もしかして……。

そうです。

僕に初めてダービージョッキーの称号をプレゼントしてくれた、名馬、スペシャルウィークとともに挑んだ「弥生賞」です。

1997年11月29日のデビュー戦を快勝。サンデーサイレンス産駒特有の気の

強さと根性を兼ね備えた彼は、その雰囲気がダンスインザダークにそっくりで、見た瞬間に一目惚れ。跨った直後には、

「絶対に手放したくない」

とまで惚れ込んだ親友です。

ところが。続く2戦目、「白梅賞」でまさかの2着。

「きさらぎ賞」から「弥生賞」、そして、クラシックへという王道のローテーションを思い描いていただけに、この2着は、僕を含め、チーム・スペシャルウィークにとっては、かなりのショックでした。

このレースに勝ったのは……前にも触れましたが、弟・幸四郎が騎乗していた14番人気のアサヒクリークです。

兄弟といえども勝負に私情は厳禁。しかし、腹が立つのを抑えることはできません。

レース後、

「きらさぎ賞に出られなくなったらどうするんや!?」

と、幸四郎をどやしつけてしまいました（苦笑）。

続く3戦目――管理する白井寿昭先生が選んだのは、「きさらぎ賞」の前週に行われる予定の自己条件戦です。

ダービーに向けて、確実に勝ちにいく！

先生の全身から、ダービーへの熱い思いが、全身から迸《ほとばし》っていました。

ところが、運が良かったのか悪かったのか、抽選に漏《も》れ、当初の予定通り「きさらぎ賞」に挑戦することになったのです。

レースは初の重賞挑戦にもかかわらず、堂々の1番人気。

万が一にも負けるようなことがあったら、ダービーへの道は大きく狂いが生じます。それでも、僕には余裕がありました。

メンバー構成からいっても、調教の状態からも、〝勝てる〟と決めて挑み、言葉通り、危なげないレースで、「きさらぎ賞」を勝ち、4戦目「ここが勝負！」と心に決めた第35回「弥生賞」へと駒を進めたのです。

1番人気は、「東京スポーツ杯3歳S」（現＝東京スポーツ杯2歳S）をレコードで勝ち上がってきたキングヘイロー。3番人気は、後に、この年の「皐月賞」と「菊花賞」を制したセイウンスカイ。

スペシャルウィークの力を測るには最高のライバルたちが揃っていました。

レースは、想定通り、セイウンスカイが引っ張る形でスタートし、ほぼ平均ペースで進みました。

僕とスペシャルウィークは、キングヘイローを視界に置きながら中団の後ろに待機。手綱を通して、手応えを感じていました。

ところがです。

ペースが落ちるだろうと思っていたセイウンスカイの脚色が4コーナーを回っても一向に衰える気配がありません。

僕とスペシャルウィークが最後の直線にさしかかったときは、

「さすがに、これはやばいな……」

とつぶやくほど、はるか前方を走っていました。

——追い込んだものの、わずかに届かず……。

一瞬、いやなイメージが頭のなかでちらついたほどです。

しかし、ここからがスペシャルウィークの本領発揮でした。

ステッキ一発でメインエンジンを点火すると、それまで隠していたもう一段上のギアを自ら入れ、あっという間に5馬身差を詰めると最後は半馬身かわして、ゴール板を1着で駆け抜けていました。

それは、スタンドがどよめくほどの鮮やかすぎる勝利でした。


同じ勝つにしても、いろんな勝ち方があります。

棚ぼたの勝利。展開が向いた結果の勝ち星。運が味方した白星……どんな勝ち方であろうと1勝は1勝。その輝きは少しも色褪《いろあ》せることはありません。ただ、勝ちにいって、実際に掴み取った勝利は、揺るぎない自信と大きな勇気を与えてくれます。

大外18番からの発走で、芝の荒れた外へ外へと振られた「皐月賞」（3着）後も、この「弥生賞」で掴んだ彼への確かな信頼は、少しも揺らぐことはありませんでした。

人気のない馬で勝つことにも喜びはあります。でも、強い馬が強い競馬で勝つことが、真の意味で競馬発展に繋がっていく——スペシャルウィークとの弥生賞は、そんな僕の思いを体現したレースでした。

競馬も人生も同じです。

強い相手と真っ向うからぶつかり、それを倒してこそ、自分の本当の力が見えてきます。ここ！　というときは、技に走らず、正面からぶつかりましょう。負けたら、また一から努力すればいいいんですから。

いい仕事をするには、身だしなみも大切

たまには競馬以外のことも書いてみましょう。

僕が競馬以外で興味があるのは、クルマ、ゴルフ、美味しいお酒、食べ物、競輪、競艇、それに、ファッションです。

えっ!?　女性ですか？

強い牝馬は大好きです。人間の女性に関しては……みなさんのご想像にお任せします（笑）。

一見、遠い存在に思える競馬とファッションですが、そこには、意外な接点があります。

みなさんも履いているジーンズ……あれは、ゴールド・ラッシュに沸いた18 50年代のアメリカで、全米各地から馬に跨りカリフォルニアに集まってきた男たちのために作られたのがはじまりだといいます。

馬に乗ったことのある人ならわかると思いますが、薄い生地のパンツでまたがると、すぐに擦り切れてボロボロになってしまう。そこで作られたのが、丈夫で長持ちするデニム生地のパンツ、ジーンズだったというわけです。

実際、僕も、調教では馬に乗るときは、いつもジーンズです。

出かけるときに履くジーンズを入れると、家のワードローブにはかなりの本数のジーンズがあります。

最初の作られたジーンズの素材はキャンパス地だったそうです。それからインディゴ染めのデニム地になり、映画『乱暴者』でマーロン・ブランドが、『理由なき反抗』でジェームス・ディーンがはいたことで一気に全米中に広がり、今や男性にとっても女性にとっても欠かすことのできないファッション・アイテムへと進化していったものなんです。

どうです!?　知らなかったでしょう。

もうひとつ――。

これは案外、知らない人が多いのですが、女性が憧れるブランドのひとつ、エルメスは、馬具工房として創業されたブランドなんです。洋服や腕時計、バッグや靴、香水などを手掛ける前は、ナポレオン3世やロシア皇帝などを顧客に馬具を作っていました。

――マジで?

本当の話です。その象徴としてエルメスのロゴマークには、四輪馬車と従者が描かれ、今も変わらず鞍を作り続けています。

だからというわけではありませんが、競馬発祥の地であるイギリスや、フランスの競馬場で行われるGⅠは、スタンドもすごく華やかで、男性は燕尾服に蝶ネクタイ。女性は最新の流行を取り入れたドレスに、鳥の羽などが飾られた帽子をかぶり、フッとスタンドを見上げると、まるで色鮮やかな花が咲いたような感じに映ります。

もちろん、レースに参戦する騎手もフォーマルでビシッと決めていて、はじめてヨーロッパの競馬に参戦したときには、

「なんてカッコいいんだ……」

と、軽いカルチャーショックを覚えたほどでした。


僕が身だしなみに気をつけるようになったのは、師匠である武田作十郎先生の影響が大きいですね。当時、競馬界で、靴を何十足も持っていたのは、武田先生だけじゃないかと思います。

毎日、先生がはく靴を磨き、きれいに揃えておくのが僕の仕事。あのころと同じように、今も自分がはく靴は、自分で磨いています。

「いいか、ユタカ！　人前に出るときは、ちゃんと襟付きのシャツを着ていくん

だぞ」

今でも靴を磨いていると、武田先生に口を酸っぱくして言われた言葉を思い出します。

海外に出かけるとき、手に持つのは、鞭がすっぽりと入るお気に入りの大きめのバッグ。鞄からムチの先がひょいと出ているのは、いかにも、「オレは騎手の武豊や」と言っているみたいで、かっこ悪いですからね。それに、競馬場に入るときに着るスーツや腹帯、鞍、鐙《あぶみ》を入れ、北海道や九州にでも出かけるように、スッと飛行機に乗り込みます。

「移動が大変ですね」

そんな声をかけていただくことがありますが、移動はどんなに長くてもまったく気になりません。理由は……乗り物に乗ったらすぐに深い眠りに落ち、起きた時は目的地に到着しているという特技があるから（笑）。

いつでも、どこでも、すぐに眠れる――この特技は最高に便利です。

100人いたら、100人の意見が違うのは当たり前

僕がはじめて、〝ダービージョッキー〟の称号を手にしたのは、1998年の第65回「日本ダービー」でした。パートナーは、みなさんよくご存じのスペシャルウィークです。

93年は、「皐月賞」を制したナリタタイシンで3着。96年は、今度こそいけると思っていたダンスインザダークで2着。ともに悔しさが残る結果に終わりましたが、2頭とも、なにかひとつ展開が違っていればダービー馬になっていてもおかしくない力を持っていました。

そしてもう一頭、「故障さえしていなければ……」と今でも思っているのが、

大種牡馬サンデーサイレンスの初年度産駒、マーベラスサンデーです。彼は、スペシャルウィークが登場する前に、僕に大きな夢を抱かせてくれた、〝幻のダービー馬〟でした。

デビュー前に右膝を骨折。さらに放牧先で、一時は関係者の人が死を覚悟したほどの疝《せん》痛を患いましたが、その能力は一頭だけ図抜けていました。

大幅に遅れた初戦は、95年2月4日、1800メートルのダート戦。クラシックに間に合うかどうかというギリギリのタイミングです。

結果は2着に1馬身4分の3差での勝利。

続く2戦目、500万下の「ゆきやなぎ賞」（芝2000メートル）も力の違いを見せつけて連勝。この時点で、僕の中では、「この馬ならダービーを取れるかも」から、「この馬とダービーを取りたい」に変わっていました。

ところが……。「毎日杯」に登録したあと、再び右膝を骨折。復帰するまでに1年1カ月の休養を要し、僕とマーベラスサンデーのクラシックは幻のまま終わってしまったのです。

この年、「皐月賞」を勝ったのは、ジェニュイン。ダービー馬となったのは、タヤスツヨシ。「菊花賞」を制したのは、マヤノトップガンです。勝負ごとなので、結果はどうなっていたのかはわかりませんが、「この中に、マーベラスサンデーがいたら……」レースのたびに、僕はそう思っていました。

もしかすると、「武さんがマーベラスサンデーをそんなに高く評価していたとは思っていませんでした」と、言われる方がいるかもしれません。しかし、僕からすると、「えっ、マーベラスサンデーってその程度の評価だったの」という思いです。

思い出に残っているレース。

忘れることのできないパートナー。

最高だったと思える騎乗……。

100人いたら、みんなそれぞれに答えが違うということなんでしょうね。

このマーベラスサンデーが、97年の春初戦として選んだのが、阪神競馬場を舞台に行われるGⅡ「産経大阪杯」でした。

勝つだけじゃ物足りない——。

当時、3強と呼ばれながら、一度も勝っていなかったサクラローレル、マヤノトップガンを意識した強い競馬で勝って欲しい——。

それが僕とファンの共通した思いでした。そして、マーベラスサンデーは、その思いに応え、文句のない勝ち方で5個目の重賞を勝ち取ってくれたのです。

桜の花が満開を迎える時期、僕は決まって、マーベラスサンデーの走りを思い出します。


このマーベラスサンデーと出逢う前にも、クラシックを意識させられた馬がいました。

おニャン子クラブが解散した1987年。北海道静内のヤマニンベン牧場で誕生したヤマニングローバルです。

マーベラスサンデーがサンデーサイレンスの初年度産駒だったのに対し彼は、〝三冠馬〟ミスターシービーの初年度産駒でした。

「乗ってみるか、ユタカ。この馬は走るぞ！」

僕にとっては、武田作十郎先生と同じく、一生忘れられない、何があっても忘れちゃいけない、絶対に忘れることのできない大師匠、故・浅見国一先生の言葉ですから、NOという返事はありません。そして実際に調教に乗せていただき、その性能の高さに驚きました。

——これなら、クラシックはもちろん、ひょっとするとその先も……。

鬼に笑われようと、取らぬ狸のなんとやらと言われようと、このときの僕はわくわくしながらそんな光景を頭に思い描いていました。

しかし、デビューから2連勝し、迎えた3戦目。

GⅡ「デイリー杯3歳S」（現＝デイリー杯2歳S）も文句なしの走りで圧勝

してくれたのですが、レース後に骨折が判明。それも、右前脚の種子骨が縦真っ二に折れるという重傷を負ってしまったのです。

骨をボルトでつなぐという大手術を経て、1年2カ月ぶりにターフに返って来た彼を見たときは、思わず胸が熱くなっていました。

生涯成績は、29戦5勝。

GⅠ勝ちはなく、2つのGⅡ「アルゼンチン共和国杯」と「目黒記念」を制しています。

「えっ、GⅡをふたつだけなの?」

そういう声が聞こえてきそうですが、大手術を経て帰ってきた彼には、それだけの力しか残っていませんでした……いや、それでも、重賞をふたつも勝ったのですから本当にすごい馬でした。

もし、あのとき骨折していなければ、彼も間違いなく、歴史に名を刻む名馬になっていたはずです。

GIは勝たなくても、人々の記憶に残る名馬がいる

馬の寿命は人間よりはるかに短いので、こうして騎手を続けている間にも、懐かしい馬たちの訃報《ふほう》が飛び込んできます。

2014年3月28日に、〝四白流星の美男子〟と呼ばれたヤエノムテキが、7月8日には、エイシンワシントン、カミノクレッセの2頭が亡くなりました。

現役時代、ヤエノムテキに跨ったのは、西浦先生（勝一・現＝調教師）と岡部さん（幸雄・元騎手）の2人だけ。強い馬がいると、調教でもいいから跨ってみたいと思うのがジョッキーの性《さが》のようなもので。彼とは、ずっとライバル関係にあったからこそ、一度は跨ってみたいと思った一頭でした。

生涯成績は、23戦8勝。このうち、同じレースで彼と顔を合わせたのは17回もあり対戦成績は7勝10敗。僕のパートナーはレースによって違うので、数字に意味はありませんが、今思い出しても、「またヤエノムテキにやられた」という意識は……結構、あります。

はじめて競馬場で対峙したのは、1988年3月27日のGⅢ「毎日杯」でした。このレースで優勝したのは、河内さん（洋・現＝調教師）が乗ったオグリキャップ。ヤエノムテキは4着で、僕とマイネルフリッセは6着でした。

続くGⅠ「皐月賞」では、ヤエノムテキが初戴冠。マイネルフリッセに騎乗した僕は、典さん（横山典弘騎手）と2人並んで不名誉な失格という記録に終わっています。

サクラチヨノオーが勝った「ダービー」では、彼が4着。初挑戦でコスモアンバーに騎乗した僕は16着。スーパークリークという最高の友を得た「菊花賞」で雪辱を果たしましたが、ヤエノムテキはその後も、僕にとっては手強いライバルであり続けました。

ゴール前で激しく1～2着を争ったのは、90年の「安田記念」。僕のパートナーはオグリキャップ。ヤエノムテキの手綱は岡部さんに替わっていました。

彼にとってふたつ目のタイトルとなった、90年10月28日に行われた「天皇賞・秋」は、乗っていて鳥肌がたつほど壮絶なレースでした。

優勝は、ヤエノムテキ。頭差で典さんが騎乗したメジロアルダンが続き、3着は僕とバンブーメモリー。4着、丸山（勝秀）さんのオサイチジョージ。5着、菅原（泰英）さんが騎乗したランニングフリー。6着は、増沢（末夫）さんのオグリキャップ……。強者たちが揃った中での優勝は、大きな価値があります。

この年の暮れに行われた「有馬記念」を最後に、オグリキャップとヤエノムテキは引退。競馬は、メジロマックイーン、メジロライアン、ホワイトストーンらによって新時代に突入していきますが、彼らがいたからこそ今がある――現役ジョッキーである僕らは、このことを忘れてはいけないと思っています。

奇しくも同じ日に亡くなったエイシンワシントンとカミノクレッセ。

94年の「スプリンターズS」で、優勝馬フラワーパークとゴール前で激しい叩き合いを演じ、2センチ差で涙をのんだエイシンワシントンには、一度も騎乗機会がありませんでしたが、アンバーシャダイ産駒のカミノクレッセは、三度騎乗して2勝。その後もライバルとして何度も同じレースで顔を合わせていました。

なかでも記憶に残っているのは、92年に行われた「天皇賞・春」です。

このレース、僕はメジロマックイーンとのコンビで、栄冠を勝ち取ることができましたが、2着に入ったのがカミノクレッセと田島信行騎手のコンビでした。

競馬は1着がすべて――。

スポットライトを浴びるのは、優勝馬だけで、あとは、2着もシンガリ負けも同じようなものです。GＩをいくつ勝ったかで引退後の生活もまるで違ってきます。だからこそ、僕ら騎手もパートナーとなった馬にはひとつでも多く勝たせてあげたいし、どんなレースであれ、常に勝つことだけを目指して、日々技術を磨いています。

ですが、日本中の誰もが知っているスーパーホースにはなれなかったけど、騎手の、関係者の、ファンの心に残るバイプレイヤーたちもたくさんいます。

亡くなったエイシンワシントンも、カミノクレッセもそんな一頭でした。彼らがいたからこそ優勝馬はより輝きを増していることを、競馬の歴史はそうして作られてきたものだということを決して忘れてはいけないと思っています。

長く騎手を続け、いい馬にたくさん騎乗させていただいてきた僕の中にも、そんな馬たちがいます。

父スイフトスワロー
母スイートナイル
美浦の吉野勇先生が管理していたレオテンザンもその中の一頭です。

当時、関東の馬が関西のレースに出走するとき、馬の調教は関西の調教師に委託されるのが普通でした。「菊花賞」を目指し、「京都新聞杯」に出走することになったレオテンザンを預かることになったのが、デビューしたばかりの僕をかわいがってくれた庄野先生だったことから彼との縁が繋がったのです。

吉野先生の顔すら知らなかった新人の僕が乗れたことは、運があったとしか言いようがありません。

前週、トウカイローマンとのコンビで初の重賞制覇（京都大賞典）を果たし、勢いにも乗っていました。あれよあれよといううまの逃げ切り勝ちで、レオテンザンは「菊花賞」への切符をゲット。僕もこの勝利で新人騎手がＧＩに乗るためのノルマ（30勝）をクリアし、晴れて吉野先生から直接、「菊花賞」への騎乗依頼をいただくことができたのです。

「忘れられない馬を3頭あげてください」

そう聞かれたら、レオテンザンの名前は思い浮かびません。

でも。10頭あげてくださいと聞かれたら、間違いなく候補にあがる一頭です。

何より大事なのは「人と人の信頼関係」

喧嘩っ早い人。興奮する人。すぐに怒鳴る人……。

怒りっぽい人にもそれぞれタイプがあるように、気性が激しいといわれる馬にもタイプがあります。

噛み癖のある馬。

蹴り癖のある馬。

騎手を振り落とそうとする馬……。

どちらにしても、つきあっていくのは容易ではありません。

ただし、馬の場合は、癖のある馬ほど、うまく乗りこなすことができれば、乗っている騎手が驚くほどのパワーを持っていることが多くて、大変ですが、楽しみも多いものです。

——今までで、いちばん気性の激しかった馬は？

順位をつけるのは難しいのですが、パッと思い浮かぶのは、オグリキャップ、スーパークリークと並び、ファンの方から、〝平成の三強〟と称された、地方からやってきた怪物、イナリワンです。

彼とはじめてコンビを組むことになったのは、中央移籍3戦目となる1989年の「天皇賞・春」でした。

実戦前に、まずは調教で跨ることになったのですが……。

コースに入った途端に、いきなり全速力！　いくら手綱を抑えても、ムキになって走り続け、ようやく止まったのは2周目のゴール過ぎでした。掛かり癖と呼ぶには、あまりにも激しすぎて、今、思い出しても変な汗が出てきます（笑）。

——これで、3200メートルを走り切れるのかな。

正直、不安だらけのレースでした。

しかも、引いた枠は、よりによって、1枠1番。13日の金曜日と大凶がいっぺんに来たようなものです。

——展開や位置取りなど、あれこれ考えずに馬と折り合いをつけることだけに専念しよう。

頭のなかにあったのは、それだけです。とにかく馬を怒らせないように、気持ちをうまくそらすように乗っていました。

ところがです。

あれは、向正面あたりだったと思います。

前を走っていた1番人気のスルーオダイナの手応えに比べて、イナリワンのほうがはるかによく見えて。実際、3コーナーから4コーナーにかけては、下がっていく馬がいるなかで、自分はまだ引っ張ったままの状態です。

——あれっ？

疑問が確信に変わったのは、彼にGOサインを送る前でした。

人というのは本当にげんきんなもので。

こうなるとレース前に抱いていた不安は、もはやカゲもカタチもありません。

――行けーッ！

走破タイム3分18秒8のレコードタイム。

短距離馬のようにものすごい加速で後続を5馬身も突き放したその加速力にただ、ただ、ただ、酔いしれていました。


最近騎乗した中で、気性が激しいといえば……昨秋のGII「毎日王冠」を快勝したエアソミュールがいます。気難しさがそのまま成績に直結。

「掛からなければ、もっと上で戦える馬なのに……」

誰もがそう思っている素質の持ち主でした。

しかし、人間もそうですが、持って生まれた性格というのはそんなに簡単に変

わるものではありません。怒りっぽい人は、いくつになってもカリカリしている
し、頑固な人は、容易に人の話に耳を貸しません。
なだめ、すかし、ときには叱りながら毎日少しずつ、矯正していく――。
根気のいる仕事で、しかもそれだけの努力を続けても、100%解消されると
いうことはまずありません。
騎乗するうえで、大事なのはひとつだけ。
――掛かったときに、抑えきれるかどうか。
戦術や戦法を考えるのと違い、騎手にできることは多くはありません。
最初に、ん!? と思ったのは、返し馬のときです。
彼とコンビを組むのは、1年10カ月ぶりでしたが、以前とは明らかに馬の落ち
つきが違いました。
ゲートを出て、中団の内側につけたときも、そのままの位置で我慢させたとき
も、ギリギリのところで馬自身がなんとか我慢を続けてくれました。

ここまで持ってきてくれたスタッフの努力は、並大抵のものではなかったはずです。そして、それに応えるのが騎手の仕事です。

直線に入ってなかなか前が開かず、ハラハラした方もいると思いますが、ここが度胸の据えどころです。

——必ず、前は開く。

たとえそれが馬半頭分であっても、目を凝らせば、勝利への扉は開きます。GOサインを送った後、グイッと抜け出し、そこからさらにもう一段伸びたときには勝利を確信していました。

——この馬は気性が難しいから。

その一言で片付けるのは簡単です。でも、この勝利は、それをわかってあげたうえで、コツコツと努力を積み重ねた角居厩舎スタッフの勝利です。

人と人の関係は、馬と人より難しいのかもしれません。

でも……大事なのは、やっぱり、そこですよね。

憧れの勝負服を纏《まと》い、大舞台に立つ

縦縞のユニフォームといえば阪神タイガースです。

あのユニフォームに憧れ、袖を通した自分の姿を想像し、

「いつか、あれを着てグラウンドに立ちたい」

と毎日、遅くまで練習に励んでいる子どもたちがたくさんいるはずです。

サッカー選手も同じ。現在、所属するチームのユニフォームに誇りを感じ、チームの勝利を目指して全力でプレーするのとは別のところで、いつか、世界一のクラブと呼ばれるFCバルセロナのユニフォームを着てピッチに立ちたいと思う気持ちがどこかにあるのではないでしょうか。

そして、競馬には勝負服があります。

キズナといえば――。

ノースヒルズ軍団の勝負服、水色をベースにした赤十字のたすきに赤の袖。

ディープインパクトといえば――。

金子真人オーナーの勝負服、黒と黄の鋸歯形に青の袖。

馬はもちろん調教師の先生、スタッフ、オーナー、そしてファンが心をひとつにする旗印となるのがこの勝負服です。

厳密に言うと、勝負服はオーナーのもので、騎手にとってはそのレースかぎりの借り物にすぎませんが、そこには、騎手としてのプライドと、馬に対する敬意、関係者、ファンに対する責任が縫い付けられています。

――いつか、あの勝負服を着てみたい。

競馬学校時代から、僕がずっと憧れていたのは、ゴドルフィンの勝負服。色鮮やかなロイヤルブルー一色の勝負服でした。「ジャック・ル・マロワ賞」「ドバイWC」「プリンスオブウェールズS」などGⅠ6勝を挙げたドバイミレニアム。

2000年、01年と2年連続でワールド・シリーズ・レーシング・チャンピオンシップ総合優勝馬となったファンタスティックライト……。

世界中、どこの競馬場に行っても、必ずと言っていいほどゴドルフィンの馬がいます。

しかもゴドルフィンには、かつて、フランキー（ランフランコ・デットーリ）がそうだったように専属契約の騎手がいました。あのロイヤルブルーの勝負服を着るということは、そのまま世界に認められるジョッキーになったということですから、夢が現実になったときは、ちょっと、どころではありません。もう、その場で飛び上がりたいほどの嬉しさでした。

1995年5月14日。第45回安田記念――。

パートナーは、ゴドルフィンのハートレイクです。

父Nureyev

母My Darling One

生産者　シェイク・モハメド殿下

オーナー　ゴドルフィン

イギリスで生まれた彼は、マイケル・キネーン騎手とのコンビでデビュー戦を快勝。アイルランドのティラペリー競馬場で行われたGⅢ「コンコルドS」をムルタ騎手で優勝。フランキーと組んだGⅢ「香港国際ボウル」は3着に終わりましたが、すぐにドバイに飛び、その次のターゲットとして日本に照準を定めたのです。

日本での初戦は、GⅡ「京王杯SC」。このときは、大きく引っ掛かってしまい5着に終わりましたが手応えは掴んでいました。

続く2戦目、「安田記念」は、1番人気サクラチトセオー、2番人気ネーハイシーザー、3番人気ホクトベガに続く4番人気です。

それでも、一度、騎乗したことで彼の性格や特徴を掴んだ僕は、

「チャンスは十分にある」

と思っていました。

中団で溜めに溜めたパワーを、最後の直線で一気に解き放つ——。

展開も、作戦も、すべて思い描いていた通りに運びました。

「ここだ！」

ハートレイクと青い勝負服を身にまとった僕は、先行していた馬の間を割るようにして抜け出すと、後ろから恐ろしいほどの脚で迫ってくるサクラチトセオーをハナ差抑え、先頭でゴール板を駆け抜けていました。

たとえそれがどんなに遠くに見えていても、思い続けてさえいれば、夢はいつか手の届くところにやって来る——そう信じています。

馬の個性を活《い》かすのが騎手の大事な仕事

競馬場では、レースを見るだけではなく、いろんな愉しみ方があります。

癖のある馬を探すのもそのひとつですし、デビューしたばかりの2歳馬を見るのも楽しいものです。

まず、癖のある馬から。

緊張すると口数が多くなる。好きな人の前に出ると前髪を触りたがる。照れるとなぜか鼻の下をこすっちゃう――世の中にはいろんな癖を持った人がいます。

嘘をつくと斜め45度を見る人もいれば、同じ嘘でも、額や鼻に手を当てる人もいるそうです。

じゃあ馬はというと――馬にもそれぞれいろんな個性があり、癖があります。よくあるのは噛み癖です。甘えて噛む馬もいれば、怒りにまかせて噛んじゃう馬もいるし、なかには、前にいた馬のオシリにガブッと噛みついた馬もいます。

――えっ!? 理由ですか?

性格がSで……と言いたいところですが(笑)、さすがに僕もそこまでは馬に聞いていないので今も謎です。

癖といっていいのかどうかビミョーですが、レースでは全力を出すのに、調教では真面目に走らない馬。内へ内へと斜行する馬や、逆に外ラチに向かって突進していく馬もいます。そのほかにも、馬房にこもって出てこない馬。右回りのコースでは恐ろしいほど強いのに、左回りになるとまったく走らなくなる馬。犬やネコが大好きという馬もいます。

これまで僕が出逢った中で、最高に変な癖を持っていたのは、日本調教馬ではじめて海外のGI――フランスの「アベイ・ド・ロンシャン賞」と、イギリスの「ジュライC」を勝ったアグネスワールドと、ケガさえしなければ、ダービー馬になっていたかもしれない〝幻のダービー馬〟マーベラスサンデーです。

奇しくもこの2頭は同じ癖を持っていたのですが、それが、なんと……レース前、輪乗りのときに、必ずおしっこをするという変な癖で。そういう馬2頭とめぐりあったというのも、きっと驚くべき確率だと思います（笑）。

アグネスワールドは、「アベイ・ド・ロンシャン賞」の前も、いつもと変わらず、輪乗りのときにジャー。マーベラスサンデーも、GI「宝塚記念」の発走を前にジャー。どんなに大きなレースであろうが、スタンドが超満員のお客さんで埋まっていようが、少しも動じることなく、お構いなしに用をたす姿は、おかしくもあり、頼もしくもありました。

いつも通り――わかっていてもなかなかできないものです。

もうひとつ。マーベラスサンデーには、早めに抜け出すと気を抜くという悪い癖もありました。ギリギリまで我慢して、最後の最後に抜け出すのが唯一の勝ちパターンという騎手泣かせの馬でもありました。

競馬開催日には、第1レースから、最終の12レースまで。数多くのサラブレッドが、みなさんの前に登場します。なかには、意外な癖を持った馬がいるかもしれません。それを生で見られるのは、競馬場だけです。どうぞみなさん、たまには競馬場に足を運んで、レースを、馬の癖や個性を愉しんでください。

さあ、次は2歳馬の愉しみ方です。

無事に入学式を終えた2歳馬たちのデビュー戦は、競馬場全体がピリピリするGIレースとは、また違った意味での緊張感があります。いくつも勲章を持っている馬主さんや調教師の先生も、どこか、落ち着かない様子で、朝からそわそわしています。

——うちの子を頼むね。

そこには、まず無事にレースを終えて帰ってきて欲しいという我が子に対する愛情があり、でも、できれば、一生に一度のデビュー戦だからこそ勝って欲しいという願いが込められています。

では、レースで活躍する馬というのは、いったいどんなタイプの馬なのか!?

「武さんくらいになると、ひと目見ただけで、馬の力がわかるんですよね」

イベントなどで、よくこんな質問をされますが、それがわかっていたら、年間400勝以上の勝ち星を挙げ、毎年、ダービーを勝っています(笑)。

言われたことをそつなくこなす優等生タイプ。

鼻面をこすりつけてくる甘えん坊タイプ。

気位の高いお嬢様。

世話をしてくれる厩務員さんをも蹴り上げるやんちゃなタイプ……。

毎年、いろんなタイプの馬と出逢いますが、第一印象と成績とは必ずしも一致しません。性格がよく、乗り心地もバツグンで、追い切りも手応えもバッチリ。

「これは、走るぞ」

と思った馬が、競馬場では借りてきた猫のようにおとなしくなったり、その逆で、

「良くなるのは2〜3回レースを使ってからかな」

と思っていた馬が、デビュー戦でいきなり走ったというケースもあります。

馬のことをわかってあげたいし、わかろうと努力はしていますが、もしかすると、それもこちらの一方的な思い込みで、

――本番で走ればいいんでしょう。

と思っている馬や、

――僕（ワタシ）は今、走りたい気分じゃないですから。

そんなことを思いながらゲートに入っている馬もいるのかもしれないですね。

僕ら騎手にとってこの新馬戦は、翌年のクラシックを睨んだお見合いの席でもあり、右も左もわからない子どもたちをうまく導いていく幼稚園の先生のようで

もあります。

はじめての競馬場で物見する馬。

ゲートに入るのを嫌がる馬。

騎手を振り落とそうとする馬……。

そんな馬たちをなだめ、すかし、競馬を覚えさせながら、無事にゴールさせることを大前提に1着を目指す――。

スタートからゴールまで、ずっと落馬の危険と隣り合わせですが、だからこそ見えてくるものもあります。

はじめて牧場で跨ったときにダービーを意識したダンスインザダーク。

そのダンスを思い出させてくれたスペシャルウィーク。

立ち姿の美しさに、思わず、「きれいやなあ」という言葉を漏らしたエアグルーヴ……。

予感が確信に変わったのはデビュー戦でした。

馬主さん、牧場関係者、調教師の先生、厩舎スタッフ、そして数多くのファンの人たち。たくさんの人の夢を背負って走るサラブレッド……その強さと美しさを堪能できるのは競馬場だけです。

「負けられない闘い」に勝てた理由

サッカー日本代表戦のコピーではありませんが、長い人生の中で、人にはそれぞれ、〝絶対に負けられない闘い〟〝どうしても負けたくない闘い〟というのがあります。

男だろうが女だろうが、子供だろうが大人だろうが関係ない。ゲートが開いたら、ゴールするまで走り続けるしかありません。そう、気持ちで負けたら、勝負はそこで終わりです。

２００５年９月18日、阪神競馬場。

秋華賞トライアルＧⅡ「ローズＳ」（芝２０００メートル）。

伊藤雄二先生が管理するエアメサイアと挑んだ闘いは、まさにそんなレースのひとつでした。

その年に行われた春のクラシック第1弾「桜花賞」では、ラインクラフトの前に涙を飲みました（4着）。続く第2弾「オークス」では、最後の最後でシーザリオに逆転を許してしまいました（2着）。

「惜しかったね……」

と言ってくれた人もいますが、一度目はまだしも、二度目、三度目となると、その差は永遠に届かないほど大きなものに思えてきます。

——ここで負けるようなら次はノーチャンスや。

伊藤先生や厩舎スタッフ、オーナーやファンの方がどう思っていたかはわかりませんが、残る一冠、「秋華賞」に向け、僕はひとつの覚悟を決めてレースに臨みました。

「オークス」を勝った後、「アメリカン・オークス」を制したシーザリオは、レース中に繋靭帯炎を発症し、長期休養中。出走するすべての馬が強敵ですが、その中でも、最大のライバルは、「桜花賞」「ＮＨＫマイルＣ」の二冠を制している、福永祐一騎手騎乗のラインクラフトです。

道中は６～７番手を追走。

２番手につけたラインクラフトを前に見る絶好のポジションでレースを進めたエアメサイアは、そのときが来るのをジッと待っているかのようでした。

レースは、４コーナーを周って最後の直線へ。

エアメサイアの手応えは申し分ありません。

先頭を走るのは……やはり、ラインクラフトです。

「行けーッ！」

ＧＯサインと同時に一気にギアを上げたエアメサイアは、ゴール直前でラインクラフトを捉えると、そのまま弾けるように、〝負けられない闘い〟のゴール板を駆け抜けていきました。

見事にクビ差で差し切って勝利

疲労感。安堵感。達成感……。その瞬間、僕の身体から一気に力が抜け落ちていました。

そして、ここで勝ったことが次に繋がったのです。

なんとか勝負の舞台に上がるところまで辿り着いたエアメサイアにとって、次のレースこそが本番、牝馬三冠、最後のひとつ、「秋華賞」です。

当時、マスコミもファンの方も、ラインクラフトとエアメサイアの〝2強対決〟で大きく盛り上がっていました。

「ローズS」と同じ2000メートルは、僕とエアメサイアにやや有利。しかし、坂のある阪神競馬場から平坦の京都競馬場に変わるのはラインクラフトに分があります。

馬場状態や展開に関係なく、この時点で、「ローズS」でつけた半馬身差はもうないのと同じです。

――挑戦者として、スピードでまさるラインクラフトに対抗するにはどうしたらいいのか。

出てきた答えはひとつです。

最後は彼女の最大の武器である末脚に賭けるしかない――。

不安はありましたが、一度、決めた心が揺らぐことはありませんでした。

結果は、まるでデジャヴのような2頭の激しい叩き合いから、ゴール前わずか数メートルのところで、グイッと力強く伸びたエアメサイアがクビ差、差し切っての優勝――。

最後の最後でわずかに残っていた力を振り絞ることができたのは、〝負けられない〟〝負けたくない〟という強い気持ちで挑んだ「ローズS」に勝てたことが大きな要因だったと思っています。

もしもあのとき、「ローズS」で負けていたら……きっと「秋華賞」の勝利もなかったはずです。

天職だからこそ、ひとつひとつのレースを大切に

2014年7月20日、中京競馬の第6レース。

騎乗していたトーセンデュークが、ゲートを飛び出した直後につまずき落馬。右手親指を骨折してしまいました。

落ちた瞬間は、「なんとかなるかな」と思いましたが、自分の足で検量室に戻る間に、痛みがどんどん強くなり、競馬場内にある診療所でレントゲンを撮っていただいたところ、あきらかにそれとわかる亀裂が入っていました。

落馬による骨折はこれが五度目です。

01年に左手首、02年は骨盤骨折、08年は右腕、四度目、10年のときは、左鎖骨

遠位端骨折、腰椎横突起骨折、右前腕裂創で、自分でも思ってみなかったほど、長期間の休養を余儀なくされてしまいました。

みなさんもそうでしょうが、仕事上、起きるかもしれないトラブルに関しては、ある程度想定し、その対処法も頭の中にいくつか入れてあります。

スタートで出遅れたらどうするか。

前を走る馬が、横を走る馬がヨレたらどうするか。

想定はしていなくとも、過去の経験から、瞬時に判断することもできます。

商売をされている方は、注文していた品物が届かない場合、こうやって乗り切ろうという次善の策があり、会議や商談が多いサラリーマンの方は、多少の交通機関の乱れなら、約束の時間に遅れないようにするための何か別の手段を持っているはずです。

しかし、そんな人でも、ひとつだけ、まったく想定していないのが……自分の怪我や病気です。

馬がゲート内で暴れ、出遅れることを頭の隅においていても、スタート直後につまずくことは考えていません。まして、そのために自分が落馬し、骨折するなんてことは完全に意識の外にあります。

幸いと言っていいのかどうかわかりませんが、三度目までは恐ろしいほどの回復力で現場に復帰することができました。特に、二度目の骨盤骨折のときは、復帰まで5カ月と診断されたにもかかわらず、わずか8週間で戦列復帰。その1カ月後には、タニノギムレットをパートナーに「日本ダービー」で優勝することができました。

――強い意志と気力さえあれば多少のことはなんとかなる。

それが、僕の信念のようなものになっていたような気がします。

しかし、病気やケガはそんなものではどうにもならないと思い知らされたのが四度目の落馬骨折のときです。

――少しくらいの痛みなら……。

その甘さが、負の連鎖に陥るきっかけを作ってしまったのです。

事故でご迷惑をかけた調教師の先生をはじめスタッフ、馬主さん、ファンのみなさん、そして、誰よりも自分自身のために、一日でも早く復帰したいという強い思いは、いつも持っています。でも、同じことを繰り返さないためにも、まずは完全に治すことを第一優先にできることからはじめよう——そう思っていたのですが……。

平日はともかく、土、日の開催日に家にいて競馬を見るのは、精神的にかなりつらいものがありました。

これまでにも何度か経験したことがありますが、やはり、どこか落ち着かないというか、オシリのあたりがもぞもぞするというか……すごく変な気分です。

騎手は馬に乗ってはじめて騎手です。健康で馬に乗れることがどれほどありがたいことか。あらためて、思い知らされました。

一日でも、一秒でも早く馬に乗りたいという気持ちと、復帰するときは万全の状態で……という心のせめぎあいです。

そして、ついにその日がやって来ました。

42日ぶりのレースとなったのは、8月31日の札幌競馬、第6レース。

温かく迎えてくれたファンの方には、あらためてお礼を言いたいと思います。

——本当に、本当に、ありがとうございました。

「お帰りなさい!」

「待ってました!」

「豊ーッ! 頼んだぞ!!」

パドックで、本馬場で、かけていただいたひとつひとつの声援が、僕に勇気をくれました。

トーセンクラウドをパートナーに挑んだ第6レース(5着)。スマートオリオンとともに勲章を狙った11レースGⅢ「キーランドC」(7着)。必勝を期したダンツカナリーとの最終12レース(3着)。ひとつも勝てなかったことは、騎手として忸怩《じくじ》たるものがありますが、それ以上に、馬に乗れたこと、実戦でも何の問題もなかったことが嬉しくて。自然と笑みがこぼれていました。

僕は、馬に乗っていられるなら毎日でも乗っていたいと思っているほどの競馬大好き人間ですから、これまでも休みがほしいと思ったことはありません。

だからというわけではありませんが、夏休みもゴールデンウィークもない……というか、いらないし、もし、競馬界に有給休暇というシステムがあったとしても、まったく使わないいままたまりにたまり、「早く休め！」と上司から叱られているかもしれません（笑）。

それほど、馬に乗るのが好きなのですから、やっぱり僕にとって、騎手という仕事は天職なんだと思います。

だからこそ、これからも、すべての馬に、すべての人に、感謝の気持ちを忘れず、一レース、一レースを大事に乗っていきたいと思っています。

だって、それが僕の仕事であり、武豊の生き方ですから。

本書は『週刊大衆』連載「勝負師の作法」を加筆・修正してまとめたものです。

武豊（たけ ゆたか）
1969年3月15日生まれ。滋賀県出身。1987年3月1日に騎手デビュー。1988年の菊花賞をスーパークリークで制してGI初勝利を挙げる。以後、オグリキャップ、サイレンススズカ、スペシャルウィーク、ディープインパクト、キズナなど数々の名馬に跨りビッグレースを制してきた。ＧＩ通算100勝、最多勝利更新中など、日本が世界に誇る名ジョッキー。

「勝《か》つ」ための思考法《しこうほう》～続《ぞく》・勝負師《しょうぶし》の極意《ごくい》～

2015年 3 月15日　第1刷発行

著　　者　武豊《たけゆたか》
発 行 者　赤坂了生
発 行 所　株式会社双葉社
〒162-8540 東京都新宿区東五軒町3番28号
電話 03-5261-4829（編集）03-5261-4818（営業）
http://www.futabasha.co.jp/
（双葉社の書籍・コミックが買えます）

装　　幀　妹尾善史
本文デザイン　landfish
印刷所　三晃印刷株式会社
製本所　株式会社若林製本工場

ISBN978-4-575-30837-2 C0095